ÉDITORIAL

Quelle est la valeur du vivant ? La question se propage à mesure que la biodiversité s'étiole. Moitié moins de papillons en Europe qu'il y a vingt ans, des extinctions cent fois plus rapides qu'il y a un siècle : on pourrait noircir un numéro entier de *La Revue Dessinée* en égrainant ces chiffres angoissants. À l'origine de cette sixième extinction de masse, ni météorite ni activité volcanique, le phénomène est, pour la première fois, le forfait d'une seule espèce. On le sait, l'homme est gourmand. Le productivisme hérité de la révolution industrielle a alimenté ce penchant glouton. Au large de Terre-Neuve, le destin de la morue en est l'illustration. Les marins, dotés d'outils toujours plus performants, l'ont pêchée jusqu'à en vider l'océan. Ce récit rappelle que notre modèle de développement a la vue courte dès qu'il s'agit de puiser dans les ressources. Que vaut le vivant ? Peu de chose, si l'on en croit l'insatiable appétit avec lequel les hypermarchés dévorent des terres. Tels les pêcheurs de Terre-Neuve, à mesure que leur âge d'or s'éloigne, ces géants accélèrent leur fuite en avant. En réponse à cette voracité, un principe se répand : la nature doit être restaurée autant qu'elle est détruite. Cet équilibre sans « perte nette » requiert des comparatifs. Ainsi, les derniers ours polaires sont-ils affublés depuis 2011 d'une « valeur socio-économique » de 6 milliards de dollars. Mais… « la nature n'a pas de prix », s'étranglent les altermondialistes. « Elle a le prix qu'on lui donne », rétorquent certains économistes. En théorie protectrice, la démarche inquiète. Tout comme le PIB d'un pays augmente après un ouragan, la croissance économique se nourrit de ce qui est détruit. Les jeux, pourtant, ne sont pas faits. Lanceurs d'alerte, chercheurs et citoyens démontrent que ces mécanismes délétères ont en face d'eux des vies… qui n'ont pas de prix.

SOMMAIRE

La revue trop commerciale ?

Je suis déçue par cette insistance à solliciter un réabonnement, d'autant plus que le slogan choisi pour votre mail de relance « Votre excuse est-elle valable ? » est un peu agressif et définitivement trop commercial. Il ne reflète pas ce que j'aime dans *La Revue Dessinée* ! Je comprends bien que tout le monde doit gagner sa vie, mais bon… Aurélia.

Chère Aurélia, quelle surprise de lire que vous trouvez *La Revue Dessinée* trop commerciale ! Surprise car notre petite équipe ne compte pas le moindre « commercial » ou autre « chargé de marketing » mais uniquement des dessinateurs et dessinatrices, des journalistes, des maquettistes, des directrices artistiques, des correcteurs et correctrices… Les relances que nous vous envoyons, nous les bricolons en interne, toujours en improvisant, parfois un peu maladroitement, si l'on en croit votre réaction. Nous ne pouvons pas échapper à l'exercice car nous vivons de nos lecteurs et certains oublient bel et bien de se réabonner. Or, en tant que média indépendant et sans publicité, nous avons besoin de chaque abonnement pour exister. Sachez que nous faisons de notre mieux pour être le moins intrusif possible, et surtout pas agressif ! Le ton du mail était un peu provocateur ? Le but était de vous faire sourire. Il semblerait que ce soit loupé…

Débranchez !

Je viens de lire *Le poids du clic*, de Vincent Courboulay et Loïc Sécheresse (une enquête sur l'impact écologique du numérique dans le #15). J'ai été très agréablement surpris par l'étendue des sujets abordés et par la manière de le faire, bravo ! Néanmoins, j'y trouve un gros manque et des faiblesses : pas de mention des logiciels et matériels libres et trop peu de questionnement sur notre usage des smartphones. Le fairphone pompera toujours des métaux rares et de l'énergie nucléaire, pour un truc « pratique », mais gadget, quoi qu'en disent mes contemporains. Peut-on suggérer au lecteur de supprimer son compte Facebook et de délaisser son portable ? Pour changer de mode de vie et de mode de pensée… Bon courage aux auteurs ! Vincent.

Cher Vincent, nous sommes ravis que ce sujet vous ait plu malgré quelques regrets. Concernant les logiciels libres, vous marquez un point. Alliés de la lutte contre l'obsolescence programmée, ils auraient sans doute mérité d'être évoqués, mais ce sujet était si vaste qu'aborder toutes ses implications dans une trentaine de pages relevait déjà du défi ! S'agissant de notre addiction aux smartphones et aux réseaux sociaux, que vous répondre… ? Peut-être que nous sommes une revue d'information, et non de prescription. Notre objectif et notre rôle de journalistes consistent à apporter des informations, les plus fiables possible, et de donner ainsi quelques clés de compréhension. Une fois ces éléments à l'esprit, libre à chacun de choisir sa direction et donc de débrancher ou non.

DESSINS : AURORE PETIT

Très regrettée chronique

Si je suis toujours très intéressée par vos longs sujets, je ne peux que déplorer (le mot est faible !) la disparition, dans la nouvelle formule, de mes deux chroniques préférées, *La sémantique, c'est élastique* et *Savoir pour tous*. Si je puis me permettre, je trouve que c'est une grande erreur de ne plus donner la place à ce genre de petits formats, à la fois instructifs, décalés, humoristiques… et toujours justes. Cécile.

Chère Cécile, nous avons une bonne et une mauvaise nouvelle. Commençons par la mauvaise : En effet, *Savoir pour tous* disparaît de nos colonnes. Pour nous permettre de nous renouveler, cette chronique a dû laisser la place à d'autres après quatre ans de bons et loyaux services. Cela ne signe pas la mort des petits formats, loin de là ! Comme vous, nous sommes convaincus que ces respirations sont précieuses. C'est pourquoi dès ce numéro, trois nouvelles chroniques apparaissent : *L'effet domino*, *Tout ça pour quoi ?* et *Dans la place*. D'autres mijotent pour le numéro suivant. *La sémantique, c'est élastique* n'a pas disparu (la preuve page 214 !) et reviendra nous éclairer de temps en temps.

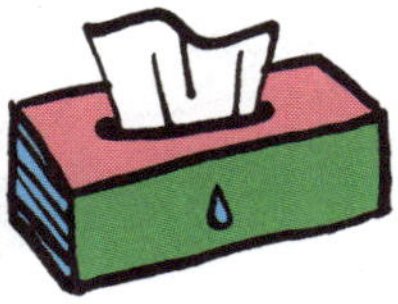

Retour sur…

Le Red Star au stade Bauer. « *Bauer, c'est notre cœur.* » Sur ces mots se terminait le sujet *Red Star Système*, publié dans le #16. À l'époque de sa rédaction, l'équipe de Saint-Ouen, alors en deuxième division, errait encore de stade en stade. Comme un clin d'œil, quelques jours après la publication de l'article de Pierrick de Morel et Gilles Rochier, en juin dernier, les supporteurs du club mythique apprenaient que leur stade chéri était homologué pour le championnat national. En clair, grâce à leur descente au classement, ils pouvaient regagner le berceau de leur équipe. Comme pour tout ce qui touche au Red Star, Bauer n'est pas une simple histoire de pelouse et de gradins, mais une affaire de valeurs.

Coup de frein chez Uber ?
« *Nous sommes parfois allés trop vite et nous n'avons pas toujours su écouter (…). Il faut avoir tort, se perdre, revenir en arrière, s'arrêter, pour mieux repartir…* » À longueur de spots télévisés diffusés pendant l'été 2017, Uber, la plate-forme de réservations de voitures avec chauffeur, faisait son mea culpa. Une manière de parer à l'explosion sociale ? Comme le racontaient Alexia Eychenne et Thierry Chavant dans notre numéro #17, chez les chauffeurs la révolte couvait. Serait-ce aussi une stratégie pour rester dans les petits papiers des pouvoirs publics ? En septembre, Uber s'est vu retirer sa licence à Londres, les autorités de la ville lui reprochant son « *manque de responsabilité* ».

Pour nous suivre et nous contacter
contact@larevuedessinee.fr www.larevuedessinee.fr

La FOLLE échappée

Il voulait soigner l'asile en libérant les fous. En 1953, Jean Oury, psychiatre en rupture avec les pratiques de son époque, claque la porte de sa clinique du Loir-et-Cher et entraîne dans sa fugue une trentaine de patients. Leur errance prend fin à La Borde, domaine qui deviendra un bastion de la psychiatrie institutionnelle. Cette approche de la folie, basée sur l'émancipation, n'aura jamais été aussi concrète qu'au cours de ces trois semaines de pérégrinations. L'aventure nourrira la vie intellectuelle : la pensée de Gilles Deleuze ou celle de Félix Guattari n'auraient pas été les mêmes sans cette drôle d'épopée.

ARNO BERTINA **PIERRE-HENRY GOMONT**

OUI, DES BARONNES ET DES MARQUISES QUI SONT LÀ DEPUIS DES LUSTRES ET QUI NE VEULENT PAS PARTIR... MERCI BIEN.
JE LAISSE LA CLINIQUE TELLE QUE JE L'AI TROUVÉE...
AVEC DIX PATIENTS À PEINE.
J'AI FAIT VENIR TRENTE MALADES SUPPLÉMENTAIRES,
ET LE PROPRIÉTAIRE REFUSE DE RÉINVESTIR UN SOU. JE NE VAIS TOUT DE MÊME PAS VOUS LAISSER MES MALADES !
C'EST INVRAISEMBLABLE ...
VOUS AVEZ À PEINE ACHEVÉ VOTRE THÈSE, ET EN MOINS DE TROIS ANS VOUS PARVENEZ À VOUS METTRE À DOS TOUT L'HÔPITAL SAINTE-ANNE...
MONSIEUR OURY... VOUS GOMMEZ LA FRONTIÈRE ENTRE TÉMÉRITÉ ET STUPIDITÉ.
SAINT-ÂNE, VOUS-MÊME ! TOUT CELA EST SANS IMPORTANCE.
J'AI MES CONVICTIONS PAR RAPPORT À LA PSYCHIATRIE, ET MES MAÎTRES NE SONT PAS LES VÔTRES.
VOS MAÎTRES ? QUI ÇA, TOSQUELLES ?
CELUI QUI EMBAUCHE DES PROSTITUÉES COMME INFIRMIÈRES ?
MAIS CELA NON PLUS NE VOUS CHOQUE PAS, J'IMAGINE...

PLUS TARD, LORSQU'IL ÉVOQUERA CETTE ANECDOTE, JEAN OURY NIERA AVOIR FAIT CHUTER SCIEMMENT LE DOCTEUR NAUTACHER. IL L'AVAIT UN PEU BRUSQUÉ, PAS DAVANTAGE.
"MAIS JE DOIS ADMETTRE QUE CELA NE M'A PAS DÉPLU", AJOUTAIT-IL AVEC UNE POINTE DE MALICE.

LES PIQUES LANCÉES PAR LE PSYCHIATRE PARISIEN VISENT UN HOMME, FRANÇOIS TOSQUELLES, FONDATEUR DE CE QUI SE NOMMERA BIENTÔT LA PSYCHOTHÉRAPIE INSTITUTIONNELLE ET BOULEVERSERA LES APPROCHES PSYCHIATRIQUES TRADITIONNELLES.
FRANÇOIS TOSQUELLES EST MÉDECIN ET CATALAN. EN 1939, IL FUIT LE FRANQUISME ET EST INTERNÉ AU CAMP DE SEPTFONDS, PRÈS DE MONTAUBAN, AVEC 16 000 AUTRES RÉFUGIÉS ESPAGNOLS.

FRANÇOIS TOSQUELLES

CAMP DE SEPTFONDS, TARN, 1939

LÀ, DÉSIREUX DE SECOURIR LES GENS QU'IL VOIT SOUFFRIR, IL DEMANDE À QUELQUES PROSTITUÉES DE LE SECONDER.

EN 1940, IL ARRIVE À SAINT-ALBAN, EN LOZÈRE, OÙ SE TROUVE UN ASILE ACCUEILLANT PRÈS DE 600 MALADES – L'HÔPITAL PORTE AUJOURD'HUI SON NOM. LÀ, IL TENTE DE RÉFORMER LES PRATIQUES HOSPITALIÈRES, CONVAINCU QUE POUR SOIGNER LES PATIENTS IL FAUT ÉGALEMENT SOIGNER L'INSTITUTION.

TOSQUELLES Y FORMERA QUANTITÉ DE PSYCHIATRES QUI VONT DEVENIR DE GRANDS MÉDECINS :

LUCIEN BONNAFÉ

FRANTZ FANON

ET LE TRÈS JEUNE JEAN OURY – 23 ANS LORSQU'IL ARRIVE EN LOZÈRE, EN 1947, POUR ASSURER UN REMPLACEMENT.

ALORS ÉTUDIANT EN BIOLOGIE, IL NE SE DOUTE PAS QUE CETTE PIGE VA DÉCIDER DE SA VIE, À LA FAÇON D'UNE PASSION, D'UNE VOCATION.

AU BOUT DE DEUX ANNÉES PASSÉES À SAINT-ALBAN, JEAN OURY VEUT DEVENIR PSYCHIATRE. IL DOIT DONC SOUTENIR UNE THÈSE DE MÉDECINE ET, POUR CE FAIRE, SE RAPPROCHER DE PARIS. IL VA ALORS PRENDRE LA DIRECTION DE LA PETITE CLINIQUE DE SAUMERY, PRÈS DE BLOIS.

LÀ, QUATRE ANNÉES DURANT, IL VA DÉVELOPPER L'APPROCHE DE TOSQUELLES ET LA SIENNE PROPRE. L'IDÉE EST LA SUIVANTE : DÉCLOISONNER LES PRATIQUES, BOULEVERSER LES HIÉRARCHIES.

UNE PROCHE COLLABORATRICE DE JEAN OURY, 2017.
QUAND SA BANDE D'AMIS A APPRIS QU'IL QUITTAIT LA CLINIQUE DE SAUMERY...
C'ÉTAIT PRÉCIPITÉ, HEIN, IL N'EN AVAIT PARLÉ À AUCUN MOMENT...
TOUT LE MONDE A ÉTÉ TRÈS INQUIET... "IL EST COMPLÈTEMENT FOU ?!"
PERSONNELLEMENT, JE N'ÉTAIS PAS TROP INQUIÈTE.
JE SAVAIS QU'IL NE METTRAIT LA VIE DE PERSONNE EN DANGER.
MAIS QUELLE SURPRISE...
EN 1953, SAUMERY EST LA SEULE STRUCTURE PSYCHIATRIQUE POUR UN BASSIN DE POPULATION DE 250 000 PERSONNES, SA CAPACITÉ D'ACCUEIL EST TRÈS INSUFFISANTE.

C'EST EN OUTRE UNE STRUCTURE PRIVÉE ; SEULES DES FAMILLES AISÉES PEUVENT FINANCER LE SÉJOUR DE L'UN DES LEURS.
PARMI LES MALADES, IL Y A MADAME REGOROVSKI, PAR EXEMPLE. ELLE AVAIT ÉTÉ SUIVIE PAR FREUD EN AUTRICHE. "HABILLÉE TOUT EN NOIR, AVEC UN COL EN DENTELLE BLANCHE, ELLE SORTAIT TOUT DROIT DU 19E SIÈCLE", SE SOUVIENT HUGUETTE OURY, L'ÉPOUSE DE JEAN. OU ENCORE CETTE FEMME, TRÈS JEUNE, DONT LE PÈRE AVAIT FAIT FORTUNE EN BREVETANT LES CLÉS SERVANT À OUVRIR LES BOÎTES À CIRAGE.

L'ÉQUIPE D'OURY ET SES MALADES PARTENT EN QUÊTE DU LIEU ADÉQUAT POUR FONDER UNE NOUVELLE CLINIQUE. EN ATTENDANT, IL FAUT LOGER TOUT CE MONDE.

UN PREMIER GROUPE - TOUS N'ONT PAS LES MÊMES BESOINS - PARTIRA DE LA CLINIQUE POUR RALLIER UN HÔTEL DONT LE PROPRIÉTAIRE ACCEPTE DE RECEVOIR CETTE NEF DES FOUS À LA DÉRIVE.

COMMENT ? PEU DE BUS À L'ÉPOQUE, ET ENCORE MOINS DE VOITURES PARTICULIÈRES. À PIED ? ENTRE TROIS ET QUATRE HEURES DE MARCHE, ET LA PROMENADE EST BELLE...

ILS SUIVENT LE MUR D'ENCEINTE DU DOMAINE DE CHAMBORD, QUI FAIT TOUT DE MÊME 32 KM, SOIT LA LONGUEUR DU PÉRIPHÉRIQUE PARISIEN. ILS TOURNENT AUTOUR DE CE CHÂTEAU, PUR SYMBOLE, VUE DE L'ESPRIT : ÉRIGÉ SUR UNE TERRE MARÉCAGEUSE, AU BEAU MILIEU DE LA FORÊT, PERSONNE NE L'A JAMAIS VRAIMENT HABITÉ, IL N'AURA JAMAIS ÉTÉ UN LIEU DE POUVOIR RÉEL.

MAIS IL N'Y AVAIT QU'UN ROI POUR CHOISIR UN ENDROIT SI IMPROBABLE. CAR CHAMBORD N'EST PAS UNE CABANE DE RONDINS SUR PILOTIS. C'EST UN ABRACADABRANT CHEF-D'ŒUVRE DE PIERRE AU CORPS MASSIF, ROND ET SOBRE – POUR LA BASE –, ET DE TOITS-TERRASSES EXUBÉRANTS, ÉCHEVELÉS, DÉCORÉS D'ANIMAUX SCULPTÉS, DE FEUILLES, DE BLASONS, D'ÉNIGMES. LA MARQUE DE L'AUDACE ET DE LA LIBERTÉ ? OU D'UNE FOLIE QUI TAIT SON NOM ?

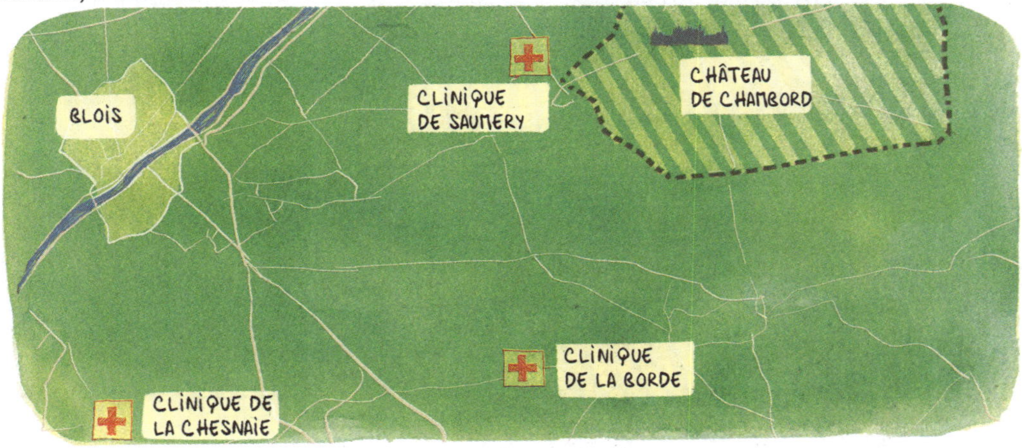

DE NOS JOURS, TROIS CLINIQUES PSYCHIATRIQUES SONT LES VOISINES IMMÉDIATES DE L'ANCIEN DOMAINE ROYAL – OÙ ONT TOUJOURS LIEU LES « CHASSES PRÉSIDENTIELLES » – TOUTES TROIS APPARTIENNENT À LA MOUVANCE DE LA PSYCHOTHÉRAPIE INSTITUTIONNELLE, LES MALADES Y SONT LIBRES D'ALLER ET VENIR, ET POURQUOI PAS, D'EN SORTIR. ALORS QUI EST ENFERMÉ, BARRICADÉ ?

PARMI LES PATIENTS VAGABONDS D'OURY, CERTAINS NÉCESSITENT DES SOINS PLUS LOURDS, PERMANENTS, QUI EXIGENT DU MATÉRIEL. EN BREF, DES SOINS IMPOSSIBLES À METTRE EN ŒUVRE DANS DES ABRIS DE FORTUNE. POUR CEUX-LÀ, OURY FAIT APPEL À SES CONNAISSANCES, ET COMPOSE AVEC LES RESSOURCES HOSPITALIÈRES DU COIN.

À PIED, DEPUIS HUISSEAU-SUR-COSSON, OÙ SE TROUVE SAUMERY, UN TOUT PETIT CORTÈGE DE MALADES MENTAUX ENTRE DONC DANS BLOIS, APRÈS AVOIR PASSÉ LA LOIRE.

SI DES HABITANTS LES ONT REGARDÉS SE DIRIGER VERS LA CLINIQUE FLORIMOND-ROBERTET, ILS N'ONT PU QUE PENSER AUX MILLE FOUS QUI QUITTÈRENT BLOIS AU MOMENT DE L'EXODE DE 1940...

... À CEUX QUI PILLÈRENT L'ASILE POUR S'ENRICHIR, ET AUX MOUROIRS QU'ÉTAIENT DEVENUS CES LIEUX PENDANT LA GUERRE.

LES PRATIQUES INNOVANTES QUE SONT EN TRAIN DE METTRE AU POINT TOSQUELLES, OURY ET QUELQUES AUTRES SONT EN DÉCALAGE COMPLET AVEC LES PRATIQUES HOSPITALIÈRES TRADITIONNELLES. ANDRÉ ROUMIEUX A 19 ANS EN 1951 LORSQU'IL EST EMBAUCHÉ COMME INFIRMIER PAR UN ÉTABLISSEMENT CLASSIQUE, L'ASILE PSYCHIATRIQUE DE VILLE-ÉVRARD (SEINE-SAINT-DENIS). IL NE CONNAÎT RIEN À L'UNIVERS DE LA MALADIE MENTALE, ALORS, COMME TOUT DÉBUTANT, IL SERA BIZUTÉ : ON L'AFFECTERA AU PAVILLON N°7, CELUI DES "AGITÉS".

ET LES RAPPORTS ENTRE NOUS ÉTAIENT TRÈS DURS, TRÈS HIÉRARCHISÉS. ON SE MÉFIAIT TOUS DES MÉDECINS, ET ON ÉCHANGEAIT TRÈS PEU SUR LES MALADES. ON PRATIQUAIT LES ÉLECTROCHOCS SUR DES MÉLANCOLIQUES QU'ON DEVINAIT TENTÉS PAR LE SUICIDE.

ON CHERCHAIT À LEUR REDONNER GOÛT À LA VIE. POURTANT, QUAND LE MALADE COMPRENAIT QUE C'ÉTAIT SON TOUR, ON VOYAIT L'ANGOISSE IMMÉDIATEMENT DANS SON REGARD.

J'AI CONNU L'APPRÉHENSION DES SÉANCES D'ÉLECTROCHOCS. LA PLUPART DU TEMPS, LE MALADE NE VOULAIT PAS DU TRAITEMENT, ET IL SE DÉBATTAIT FAROUCHEMENT. IL FALLAIT LE TRAÎNER DE FORCE AU DORTOIR, L'ALLONGER SUR UN LIT, ET LE MAINTENIR.

QUANT À L'INSULINE, C'ÉTAIT AUSSI VIOLENT QUE LES ÉLECTROCHOCS. AVANT QUE NE SE PRODUISE LE COMA, NOUS DEVIONS PASSER LA CAMISOLE DE FORCE AUX MALADES CAR ENSUITE ILS S'AGITAIENT ÉNORMÉMENT, SE CONTORSIONNAIENT SUR LEUR LIT, GUEULAIENT, SOUFFLAIENT, BAVAIENT.

JEAN OURY, 2012.
LE CAS D'ANTONIN ARTAUD A FAIT DIRE OU ÉCRIRE BEAUCOUP DE BÊTISES SUR LES ÉLECTROCHOCS. J'AI MOI-MÊME EU RECOURS À CE TRAITEMENT POUR CERTAINS PATIENTS, QU'IL A PARFOIS SAUVÉS. CE N'ÉTAIT PAS LA TECHNIQUE INHUMAINE QU'ON A DÉCRITE SI ET SEULEMENT SI ON PARLAIT AVEC LE PATIENT, EN AMONT... PUIS, À SON RÉVEIL, JE LUI DONNAIS MOI-MÊME À MANGER, ET ON ALLAIT MARCHER ENSEMBLE...
QU'IL S'AGISSE DES COMAS PROVOQUÉS PAR LES ÉLECTROCHOCS OU DE CEUX QU'ON OBTIENT EN INJECTANT DE L'INSULINE, À CHAQUE FOIS LE BUT EST DE PERMETTRE AU PATIENT D'ÉLOIGNER CE QUI L'ANGOISSE AU-DELÀ DU SUPPORTABLE.
CE PATIENT QUE J'APPELAIS "L'HOMME AUX POMMES" PARCE QU'IL NOUS EN OFFRAIT TOUJOURS UNE CAGETTE, NOUS RÉCLAMAIT CES ÉLECTROCHOCS. QUAND IL ÉTAIT ASSAILLI DE PENSÉES SUICIDAIRES, IL VENAIT ET ME LE DISAIT. JE LES LUI FAISAIS, ON PASSAIT ALORS LA JOURNÉE ENSEMBLE. IL REPARTAIT SOULAGÉ, UN PEU PLUS EN PAIX.
HUGUETTE OURY, ÉPOUSE ET COLLABORATRICE DE JEAN OURY, 2017.
AVEC LES ÉLECTROCHOCS, COMME AVEC L'INSULINE, IL N'Y A QU'UNE MANIÈRE POUR QUE LE SOIN DONNE UN RÉSULTAT : IL FAUT ACCOMPAGNER LE MALADE – AVANT ET APRÈS. AUJOURD'HUI ON APPELLE CELA "LE NURSING".
ET NOUS N'AVIONS PAS BESOIN DE CAMISOLES DE FORCE...

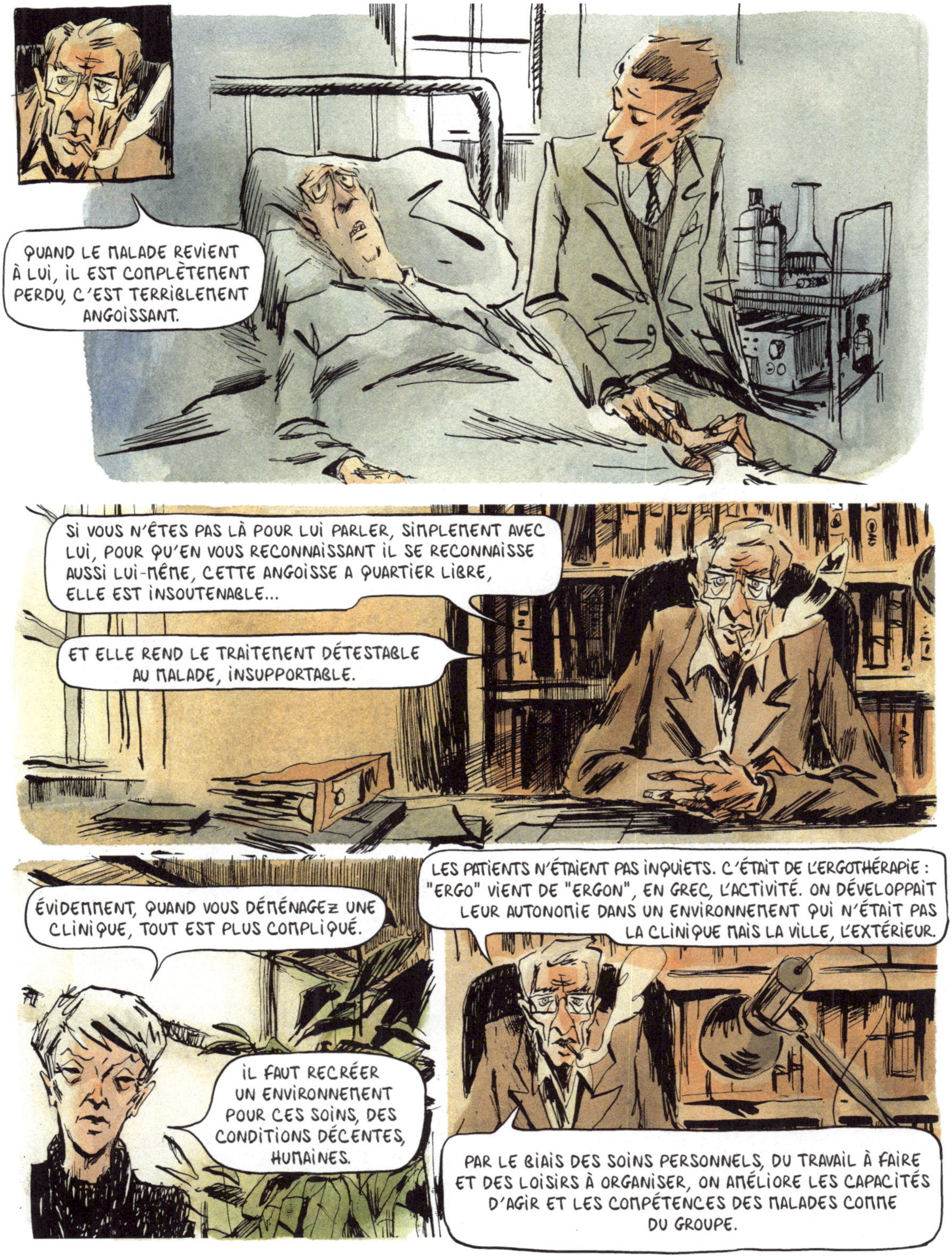
QUAND LE MALADE REVIENT À LUI, IL EST COMPLÈTEMENT PERDU, C'EST TERRIBLEMENT ANGOISSANT.
SI VOUS N'ÊTES PAS LÀ POUR LUI PARLER, SIMPLEMENT AVEC LUI, POUR QU'EN VOUS RECONNAISSANT IL SE RECONNAISSE AUSSI LUI-MÊME, CETTE ANGOISSE A QUARTIER LIBRE, ELLE EST INSOUTENABLE...
ET ELLE REND LE TRAITEMENT DÉTESTABLE AU MALADE, INSUPPORTABLE.
ÉVIDEMMENT, QUAND VOUS DÉMÉNAGEZ UNE CLINIQUE, TOUT EST PLUS COMPLIQUÉ.
IL FAUT RECRÉER UN ENVIRONNEMENT POUR CES SOINS, DES CONDITIONS DÉCENTES, HUMAINES.
LES PATIENTS N'ÉTAIENT PAS INQUIETS. C'ÉTAIT DE L'ERGOTHÉRAPIE : "ERGO" VIENT DE "ERGON", EN GREC, L'ACTIVITÉ. ON DÉVELOPPAIT LEUR AUTONOMIE DANS UN ENVIRONNEMENT QUI N'ÉTAIT PAS LA CLINIQUE MAIS LA VILLE, L'EXTÉRIEUR.
PAR LE BIAIS DES SOINS PERSONNELS, DU TRAVAIL À FAIRE ET DES LOISIRS À ORGANISER, ON AMÉLIORE LES CAPACITÉS D'AGIR ET LES COMPÉTENCES DES MALADES COMME DU GROUPE.

* Groupe de travail de psychothérapie et de sociothérapie institutionnelles.

CETTE PÉRIODE EST UNE UTOPIE, LA FORME PARFAITE DE LA CLINIQUE RÊVÉE PAR OURY : UNE FORME OUVERTE À TOUS LES CHANGEMENTS, OÙ TOUTES LES POSITIONS RESTENT MOBILES, NE PERMETTANT À PERSONNE D'ENTRER DANS LE RONRONNEMENT DE SA PRATIQUE.

D'UNE CERTAINE FAÇON, CES TROIS SEMAINES D'ERRANCE VONT POUSSER PLUS LOIN LE RÊVE DE LA BORDE, QUI EST L'ENFANT DES CLINIQUES DE SAINT-ALBAN ET DE SAUMERY, MAIS AVEC À CHAQUE FOIS QUELQUE CHOSE EN PLUS DANS LE SENS DE L'ACCUEIL, DE LA PRÉVENANCE, DE LA CONSIDÉRATION.

ET UN JOUR, SUR LA ROUTE FORESTIÈRE RELIANT TOUR-EN-SOLOGNE ET COUR-CHEVERNY, CACHÉ PAR UN IMPOSANT RIDEAU D'ARBRES ET DE BUISSONS...
LA BORDE...
LE CHÂTEAU N'EST PAS EN RUINE, IL N'EST PAS VRAIMENT ABANDONNÉ MAIS IL N'EST PLUS HABITÉ. SES DERNIERS OCCUPANTS ?
DES MILITAIRES FRANÇAIS, QUI EN FIRENT QUELQUE TEMPS UNE ÉCOLE OU UN PENSIONNAT.

HUGUETTE OURY, 2017.
LE CHÂTEAU DU FILM "LES VISITEURS DU SOIR" NOUS AVAIT PAS MAL MARQUÉS, ET QUAND JEAN EST REVENU DE SA PREMIÈRE VISITE, IL M'A DIT "C'EST ÇA !".

LE PARC, C'ÉTAIT UNE VRAIE FORÊT VIERGE.
LA NATURE, JE M'EN FICHAIS, ÇA M'A TOUJOURS LAISSÉ INDIFFÉRENT.
MAIS EN DÉCOUVRANT LE GRAND CÈDRE, TOUT PRÈS DU CHÂTEAU, J'AI IMMÉDIATEMENT PENSÉ AU GRAND CÈDRE DE JUSSIEU, QUI EST AU JARDIN DES PLANTES, QUE JE VOYAIS TOUS LES JOURS QUAND J'AI COMMENCÉ MES ÉTUDES DE BIOLOGIE...
JE ME SUIS TOUT DE SUITE DIT : "CE SERA DONC ICI..."

"TERRAIN VAGUE", "FORÊT VIERGE"... CHOISIR LA PSYCHIATRIE EST UNE FORME DE SACERDOCE, ET IL EST NATUREL D'HÉSITER...

"J'AVAIS GRANDI SUR LE TERRAIN VAGUE DE LA GARENNE-COLOMBES, C'ÉTAIT COSMOPOLITE, J'Y AI TOUT APPRIS. C'EST CE QUE JE DISAIS À LACAN, QUE J'AVAIS 100 ANS D'AVANCE SUR LUI À CAUSE DU TERRAIN VAGUE DE LA GARENNE."
AVEC LA BORDE, UN NOUVEAU LIEU POUR LES FOUS, LES RELÉGUÉS, S'OUVRE DONC DANS LA BANLIEUE DU CHÂTEAU DE CHAMBORD. C'EST LE TROISIÈME APRÈS SAUMERY ET LA CHESNAIE.

LES PROPRIÉTAIRES, UNE FAMILLE BOURGEOISE QUI AVAIT PERDU DE SA SUPERBE, ONT RÉPONDU À LA DEMANDE D'OURY.

PAR RAPPORT À SAUMERY, LA BORDE CONSTITUE AUSSI UN CHANGEMENT D'ÉCHELLE. AFIN D'ACCUEILLIR DES MALADES SANS RESSOURCES, JEAN OURY VA SE BATTRE POUR QUE LA SÉCURITÉ SOCIALE PRENNE EN CHARGE CERTAINES HOSPITALISATIONS. LA BORDE DEVIENDRA ALORS UNE STRUCTURE À LA FOIS PUBLIQUE ET PRIVÉE, ACCUEILLANT TRÈS VITE – OUTRE LES TRENTE MALADES DE L'ÉQUIPÉE DE 1953 – UNE TRENTAINE DE PATIENTS SUPPLÉMENTAIRES. EN 1960, ILS SONT AU TOTAL SOIXANTE-DIX.

SES COUPS DE GUEULE C'ÉTAIT UNE SCANSION, UNE FAÇON D'ARRÊTER LA COURSE ÉVIDENTE DES CHOSES.
ELISABETH POUDOULEC, ASSISTANTE D'OURY, 2017.
QUAND IL PIQUAIT UNE GUEULANTE, TOUTE LA CLINIQUE LE SAVAIT.
D'UNE CERTAINE MANIÈRE, IL QUESTIONNAIT NOTRE DÉSIR D'ÊTRE LÀ...
... DE PARTICIPER À CETTE EFFERVESCENCE.
ET CETTE ATMOSPHÈRE, CE BOUILLONNEMENT INTELLECTUEL, A BEL ET BIEN PERDURÉ. LA PETITE BANDE D'AMIS OCCUPAIT SES SAMEDIS SOIR À LIRE AVEC UNE AVIDITÉ MAGNIFIQUE.
Vivez bien, nous disait-elle, vivez bien c'est la seule chose à faire. Regardez-moi si je profite, et d'un geste lent mais très précis, elle saisissait au hasard un de ces petits-enfants qu'elle se mettait à pitrogner tout doucement dans des caresses sous lesquelles il s'écarquillait tout de suite en bouche...
ON A LU "UN ROI SANS DIVERTISSEMENT", DE GIONO, QUI A MARQUÉ JEAN JUSQU'À LA FIN... JE NE DIRAIS PAS QUE C'ÉTAIT UN MODÈLE POUR LUI, MAIS PRESQUE.
ON LISAIT LES PHILOSOPHES QU'IL LISAIT, LES POÈTES SURRÉALISTES, PRÉVERT, AUDIBERTI... LAUTRÉAMONT BIEN SÛR...
ON DESSINAIT AUSSI, SUR LE PRINCIPE DU CADAVRE EXQUIS.
AMARO DE VILLANOVA, DIRECTEUR ACTUEL DE LA CLINIQUE DE SAUMERY.
DÈS QU'IL INSTALLE LA PETITE TROUPE À LA BORDE, IMMÉDIATEMENT JEAN VA VOULOIR Y FAIRE VIVRE TOUTES SES PASSIONS : LA MUSIQUE, LE THÉÂTRE, LA LITTÉRATURE, LA PEINTURE, LA DANSE...

PORTÉE PAR L'ÉNERGIE DE CETTE FUGUE ET LE TRAVAIL DE DÉCLOISONNEMENT OPÉRÉ AU CŒUR DE CETTE PETITE FORÊT, SUR CE "TERRAIN VAGUE", LA CLINIQUE DE LA BORDE DEVIENDRA CÉLÈBRE AU-DELÀ DU LOIR-ET-CHER. DANS LE MILIEU CULTUREL D'ABORD, AU COURS DES ANNÉES 60 ET DES ANNÉES 70, L'ÉNERGIE QUI ALLAIT DONNER MAI 68 TROUVA À LA BORDE DE QUOI SE NOURRIR. CÉLÈBRE ÉGALEMENT DANS UN CERTAIN MILIEU PSYCHIATRIQUE, MOINS FRANÇAIS QU'INTERNATIONAL : EN ITALIE, EN ARGENTINE, AU BRÉSIL, AU JAPON.

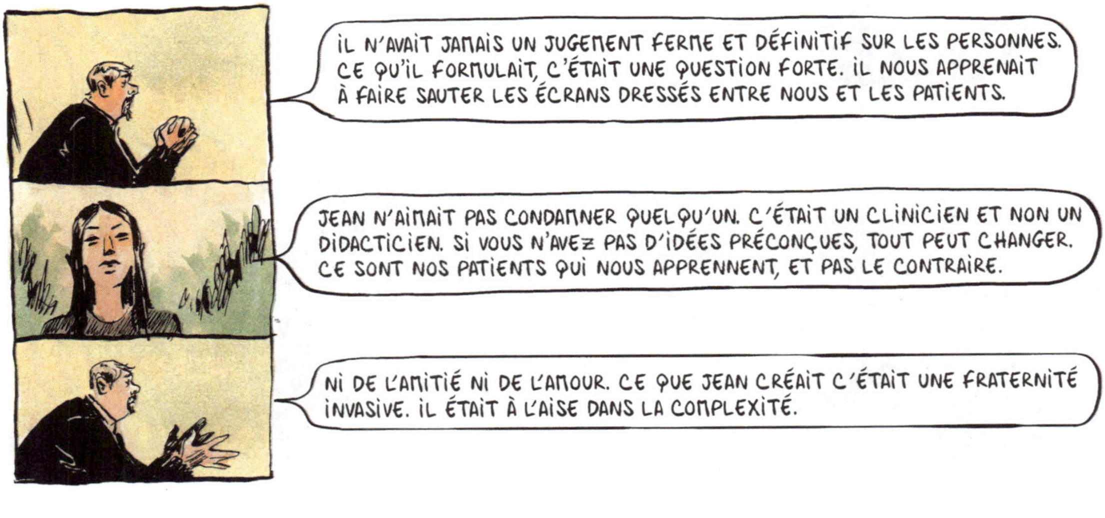

LA FRATERNITÉ, DANS SA DYNAMIQUE COMPLEXE ET MYSTÉRIEUSE, S'EST D'ABORD JOUÉE ENTRE TOSQUELLES ET OURY.
PIERRE DELION, PSYCHIATRE, UNIVERSITAIRE.
TOSQUELLES A INVENTÉ DE NOMBREUSES CHOSES EN PSYCHIATRIE, ET OURY ÉGALEMENT. MAIS PENSER QUE SANS CETTE RENCONTRE ILS AURAIENT PU ALLER AUSSI LOIN ME SEMBLE ÊTRE UNE ERREUR.
IL LEUR ÉTAIT NÉCESSAIRE DE SOUMETTRE LEURS IDÉES À LA RÉFLEXION DE L'AUTRE, DE S'ACCOUCHER MUTUELLEMENT DE LEURS PENSÉES. LEUR DIALOGUE ÉTAIT UNE FORME DE MAÏEUTIQUE. D'OÙ L'IMPOSSIBILITÉ D'ATTRIBUER À L'UN OU À L'AUTRE LA PATERNITÉ D'UNE AVANCÉE.
IL N'Y AVAIT AUCUNE FORME DE RIVALITÉ ENTRE EUX, ET C'EST CETTE PENSÉE COMMUNE AUTOUR D'UN CERTAIN NOMBRE DE PROBLÈMES DE LA PSYCHIATRIE QUI RESTE ACTIVE EN MOI.
ILS INCARNENT LA VIVANCE D'UNE PENSÉE FÉCONDE, FAITE DE DIALOGUES RESPECTUEUX ET DE CONSTRUCTION COLLECTIVE. LEURS NOMBREUX ÉLÈVES COMMUNS, CHACUN AVEC SES PROPRES TALENTS, TENTERONT DE POURSUIVRE LEUR ŒUVRE.

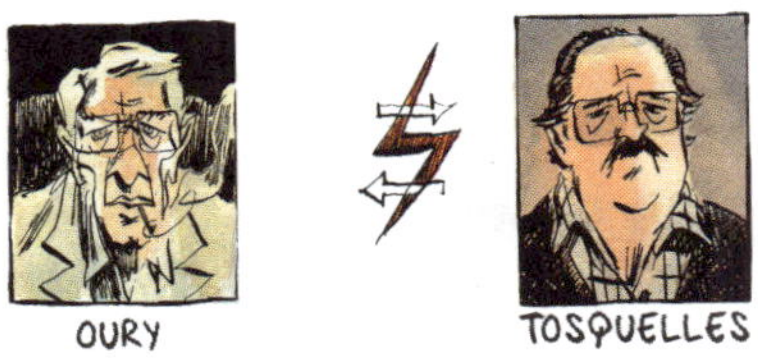

COMME EN ÉCHO À CE PREMIER COUPLE, EN SUCCÈDE UN SECOND

FÉLIX GUATTARI VA TOUT APPRENDRE D'OURY, ET PRESQUE AUSSITÔT NOURRIR LA RELATION D'UNE MANIÈRE INFINIMENT CRÉATIVE. SI LA PSYCHIATRIE INSTITUTIONNELLE DE TOSQUELLES N'EST RIEN SANS OURY, LA BORDE N'EST PAS LA BORDE SANS GUATTARI ET CETTE AMITIÉ CRÉATRICE CONSIDÉRABLE.

PUIS IL Y EN AURA UNE TROISIÈME, ENTRE GUATTARI ET DELEUZE. PLUS CONNUE, FÉCONDE POUR LA PHILOSOPHIE ET, PLUS LARGEMENT, DANS LE CHAMP CULTUREL OCCIDENTAL. SELON DELEUZE LUI-MÊME, GUATTARI INVENTAIT, ET LE PHILOSOPHE METTAIT TOUT L'APPAREIL THÉORIQUE ET RHÉTORIQUE AU SERVICE DE CES IDÉES INCONCEVABLES JUSQUE-LÀ.

OR CES FULGURANCES OU CES INVENTIONS, GUATTARI LES DOIT AUSSI AUX ERRANCES CRÉATRICES DE JEAN OURY, À CE QUE QU'IL LUI APPORTA EN L'INITIANT À LA PSYCHOTHÉRAPIE INSTITUTIONNELLE, QUI ENTENDAIT LIBÉRER LES FOUS DE LA FOLIE DE L'ENFERMEMENT, ET DONC SOIGNER L'ASILE, ET SOIGNER LE FOU EN SOIGNANT L'ASILE.

HISTOIRE DE FOUS

Selon les époques, on a raconté que les troubles mentaux dépendaient de la volonté de Dieu, du diable ou des esprits, ou encore qu'ils étaient l'œuvre de l'inconscient, du cerveau ou des gènes. Car si la folie a toujours existé, le regard que l'on porte sur elle n'a cessé d'évoluer.

L'ÂGE DES HUMEURS Depuis l'Antiquité, la folie est perçue comme ayant une cause religieuse. Le fou est d'abord un pécheur ou pire, un **hérétique**. Pour guérir, il doit prier. Ces croyances n'excluent pas les actes cliniques, codifiés par le médecin grec Galien (IIe siècle après J.-C.) : pour extraire la bile à l'origine de la folie, il faut saigner le patient.

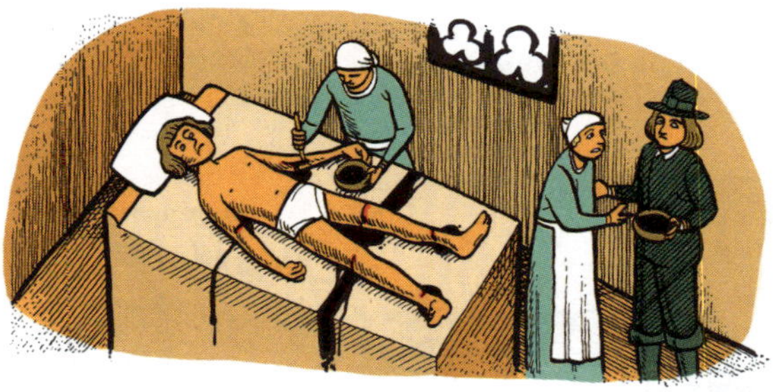

LA CHASSE AUX SORCIÈRES Jusqu'au Moyen Âge, les fous ne sont pas enfermés. Au contraire. Souvent exclus des cités, ils vagabondent de ville en ville. Les églises leur sont interdites et les hôtels-Dieu ne leur réservent aucun accueil. Au XVIIIe, de grands procès menés par l'**Inquisition** condamnent à mort les coupables de sorcellerie et d'hérésie. Ils sont brûlés en place publique. Dans les hôpitaux, on applique bains, purges et douches, persuadé que la guérison des fous passe par des moyens physiques.

LES ASILES Le tournant moderne a lieu autour de la Révolution, de 1780 à 1810. Désormais, les « aliénés » sont considérés comme des **malades curables** nécessitant l'intervention de médecins. Pour cela, on crée des lieux spécifiques consacrés à l'isolement et/ou à l'enfermement. En 1810, le Code pénal inscrit le principe de l'irresponsabilité du criminel en état de démence au moment de l'acte. La connaissance de l'organogénèse – phase de développement des organes de l'embryon – émerge. On attribue certaines pathologies à des lésions biologiques que les organes auraient subies à cette étape.

DESSINS : RICA

La psychiatrie La montée en puissance de la psychiatrie, inspirée des travaux de Charcot et de Freud, s'accompagne d'un développement de la chimie dans la première moitié du XXe siècle. **Neuroleptiques**, tranquillisants et antidépresseurs remplacent les anciennes méthodes. Les cures d'électrochocs sont inventées en 1938. Le recours à l'isolement et aux camisoles se renforce.

L'antipsychiatrie À partir des années 1960, ce courant conteste la pertinence des institutions pour soigner les maladies mentales. En 1967, le Sud-Africain David Cooper invente le terme d'antipsychiatrie. En s'appuyant sur une **critique radicale** du système capitaliste, Lacan, Foucault ou Goffman – respectivement psychiatre, philosophe et sociologue – avancent l'idée que la psychiatrie traite plus les effets sociaux des comportements des patients qu'elle ne vise à les guérir.

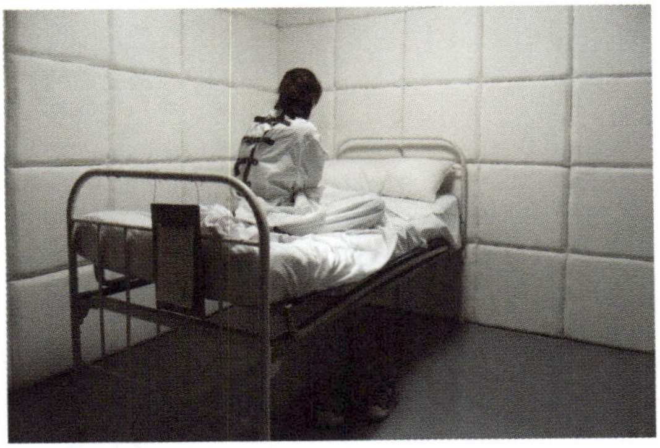

© ALVARO GERMAN VILELA / SHUTTERSTOCK

ET AUJOURD'HUI ?

Isolement et contention n'ont pas disparu. En 2016, la contrôleuse générale des lieux de privation de liberté note une recrudescence de ces pratiques. Dans certains des établissements qu'elle visite, des patients restent attachés jusqu'à 23 heures par jour et ce parfois pendant des mois. Un an et une pétition de psychiatres plus tard, en mars 2017, la Haute Autorité de santé fixe des règles : personne ne doit rester plus de 12 heures enfermé ou plus de 6 heures attaché. Reste un autre type d'enfermement : la prison. Selon le ministère de la Justice, 20 à 30 % des détenus souffrent de troubles psychotiques.

Making-of

« Je porte ce sujet depuis 2012. En 2015, je me décide à le proposer à La Revue Dessinée. *En 2016, je rencontre Pierre-Henry Gomont. En 2017, nous passons deux jours à La Borde, près de Blois. Le week-end file à 180 km/h (ou bien faut-il compter en bouteilles de vin de Loire ?). Pierre-Henry s'autorise à discuter de la perception que j'ai de tel ou tel acteur. On n'en vient pas aux poings mais commandons une autre bouteille – un petit miracle a eu lieu : c'est désormais notre sujet.* » Arno Bertina.

À lire

Histoire de la folie à l'âge classique, **de Michel Foucault. L'auteur analyse de quelle façon le regard porté sur la folie varie selon l'époque.** Éd. Gallimard (1961)

MI-TEMPS

Les fléchettes. À l'origine, tout part d'une bonne intention : la rédaction de *La Revue Dessinée* s'inquiète de la condition physique d'un auteur. Pour remettre son capital santé dans le vert, rien de tel qu'un peu d'activité, en commençant doucement. À peine le mot « fléchettes » est-il prononcé que l'engrenage s'enclenche : alcool, rupture, dérive sectaire. Au détour de ce récit haletant, les *« Darts »* livrent leurs terribles secrets.

STÉPHANE TRAPIER

S'IL ACCEPTAIT DE NOUS FAIRE LA RUBRIQUE "SPORT",
ÇA LUI FERAIT FAIRE UN PEU D'EXERCICE.
ATTENTION, IL FAUDRAIT TROUVER UN TRUC PAS TROP VIOLENT...
QUE LE RYTHME CARDIAQUE NE MONTE PAS TROP VITE...
UN SPORT LOISIR, EN SOMME...
Quoi...? DU S... SPORT?
MAIS VOUS ÊTES MABOULES, MA PAROLE !!
Réfléchissez encore un peu, mon vieux.
TARATATA! Y A PAS DE FLÉCHETTES QUI TIENNENT.
C'est tout de même un sport qui se pratique au bar, savez-vous.
UN SPORT...
...QUI SE PRATIQUE DANS UN BAR...

ALLEZ, TROUVER UN CLUB DE FLÉCHETTES NE DEVRAIT PAS ÊTRE TROP SORCIER.
N'OUBLIONS PAS QU'IL Y A DEUX MOTS DANS MOTEUR DE RECHERCHE.
MOTEUR...
ET RECHERCHE.
BINGO! JE LE TIENS.
ET JUSTE À CÔTÉ DE LA MAISON.
VIVE LES CIRCUITS COURTS!
BIP...
BIP... BIP...
HHMMMM... HHRMMM...
DIS, ÇA FAIT 5 FOIS QUE J'APPELLE...
BIP... BIP... BIP... BIP... BIP...
ILS ONT DÉPOSÉ LE BILAN OU BIEN?
ADIEU, PRIX ALBERT LONDRES
CURIEUX, ÇA NE RÉPOND PAS...
CE N'EST POURTANT PAS LEUR JOUR DE REPOS.
BIP... BIP...
BIP... BIP... BIP...
BIP... BIP...
JE SENS QUE JE VAIS FAIRE UNE MINI-DÉPRESSION.
CE NE SONT PAS LES BARS QUI MANQUENT...
MAIS ILS FONT PLUS PIÈGES À TOURISTES...
...QUE FLÉCHODROMES.
CE N'EST PAS UN REPORTAGE SUR LA BISTROLOGIE NON PLUS.
SI SEULEMENT JE TROUVAIS UN AMI POUR M'ACCOMPAGNER... J'AURAIS DÉJÀ L'AIR MOINS CON.
IL FAUDRAIT QUELQU'UN QUI PUISSE DISPOSER DE SON TEMPS EN PLEINE JOURNÉE.
FLÛTE, MES AMIS SONT TOUS DES WINNERS SURBOOKÉS.

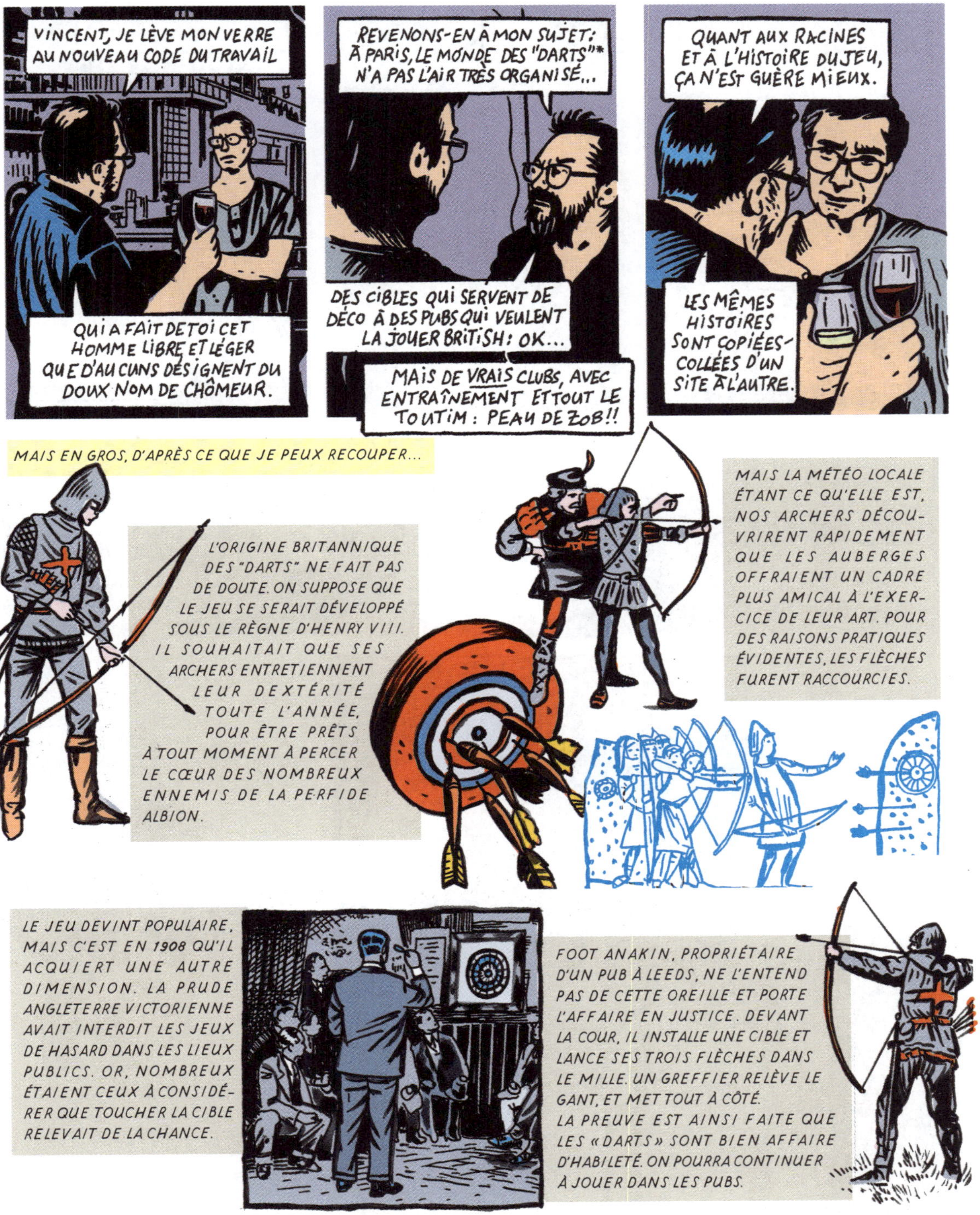

*« *DARTS* » est le vocable anglais. Il est également utilisé communément en France, comme pour signifier – par cet anglicisme – qu'il s'agit bien d'un sport, pas d'une simple activité de loisir.

*Sir Winston Leonard Spencer-Churchill (1874-1965), Premier ministre britannique et auteur de la maxime « *No Sports* », qui sert depuis d'alibi à tous les fainéants du monde.

« POUR LES COMPÉTITIONS, AU DÉBUT, TU JOUES CONTRE UNE ÉQUIPE DE TON COIN. TU DONNES LES RÉSULTATS AU PATRON DU BAR, QUI LES FAIT REMONTER AU COMITÉ DE TA RÉGION. »
« PROGRESSIVEMENT, TU T'AMÉLIORES, LES RÉSULTATS SUIVENT. TU COMMENCES À RENCONTRER DES ÉQUIPES MEILLEURES, PLUS LOIN DE CHEZ TOI. TU TE METS À SILLONNER LA RÉGION. »
« ET LE GRAAL, LE HAUT DU PANIER, C'EST LA ROCHELLE. TOUS LES ANS S'Y DÉROULE LE CHAMPIONNAT DE FRANCE. LES CLUBS VIENNENT DE PARTOUT (ENFIN, SURTOUT DE LA FAÇADE ATLANTIQUE), LE CAMPING AFFICHE COMPLET. LA ROCHELLE, C'EST LE WOODSTOCK DES FLÉCHETTES ! »
VINCENT, MON FIDÈLE DESTRIER.
J'AI UNE EXCELLENTE NOUVELLE.
TU RETROUVES UNE PLACE DE PREMIER PLAN DANS MON REPORTAGE.
MAINTENANT, IL FAUT TROUVER UNE IDÉE...
POUR ÉVITER DE SE TAPER LA HONTE EN JOUANT COMME DES BILLES DEVANT TOUT LE MONDE.
BEN... POURQUOI ON N'IRAIT PAS JOUER CHEZ TOI ?
BON SANG ! TON IDÉE EST TELLEMENT BONNE
...QUE J'AURAIS PU L'AVOIR À TA PLACE.

QUELQUES NOTIONS DE BASE, POUR VOUS AUSSI POUVOIR VOUS ADONNER À CETTE LUDIQUE ACTIVITÉ.

LA CIBLE DOIT ÊTRE PLACÉE À 1,73 M DU SOL ET À 2,37 M DU PAS DE TIR. POUR INSTALLER FACILEMENT LA CIBLE, IL SUFFIT DE PRENDRE UN FIL DE 2,94 M...

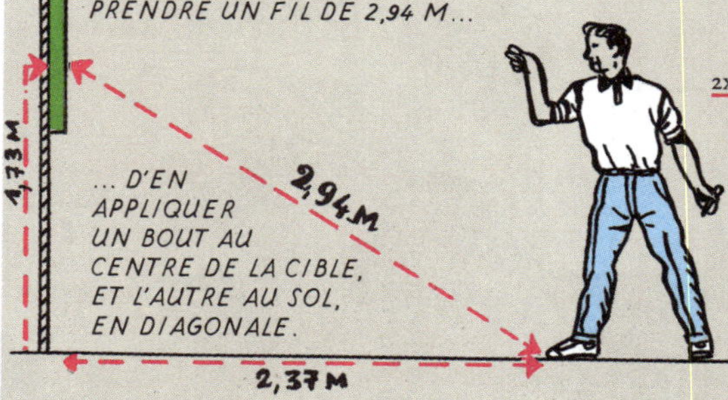

... D'EN APPLIQUER UN BOUT AU CENTRE DE LA CIBLE, ET L'AUTRE AU SOL, EN DIAGONALE.

SOURCE : FFD (FÉDÉRATION FRANÇAISE DE DARTS).

LA CIBLE DOIT ÊTRE DU TYPE HORLOGE, C'EST-À-DIRE DIVISÉE EN SEGMENTS MARQUÉS DE 1 À 20. LE SEGMENT DU 20 DOIT ÊTRE NOIR ET SITUÉ AU SOMMET DE LA CIBLE. LA COURONNE EXTÉRIEURE DOUBLE LA VALEUR DU SECTEUR, LA COURONNE INTERMÉDIAIRE LA TRIPLE. LE CENTRE VAUT 25 POINTS, LE DOUBLE CENTRE (BULL'S EYE) 50 POINTS.

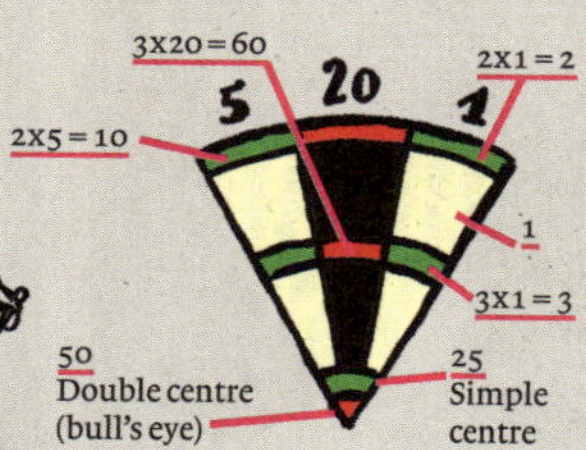

IL EXISTE DE TRÈS NOMBREUSES VARIANTES, MAIS LA RÈGLE LA PLUS UTILISÉE AU MONDE EST LE 501.
APRÈS CHAQUE VOLÉE, LANCER DE 3 FLÉCHETTES, LE SCORE OBTENU EST DÉCOMPTÉ DU CAPITAL INITIAL DE 501 DU JOUEUR OU DE L'ÉQUIPE.

LE PREMIER QUI ARRIVE À ZÉRO A GAGNÉ, MAIS EN TERMINANT À ZÉRO EXACTEMENT ET PAR UN DOUBLE.

À PROPOS, ÇA NE DÉRANGE PAS ANNE-MARIE* QU'ON JOUE AUX FLÉCHETTES CHEZ VOUS?
PENDANT QU'ELLE BOSSE?
AH! AH! T'ES CON!
* Pour préserver l'anonymat de tel ou tel protagoniste de cette malheureuse histoire, certains prénoms ont été modifiés.
ELLE ME SOUTIENT À FOND DANS MON BOULOT, ON EST ULTRA SOLIDAIRES.
DU RESTE, ELLE NE VA PAS TARDER À RENTRER, TU VAS VOIR!
OUI, ELLE EST UN PEU À CRAN À CAUSE DU TAF.
J'ESSAIE DE LA SOUTENIR MAIS CE N'EST PAS FACILE.
C'EST COOL, ON A RÉUSSI À SAUVER LES 3 DERNIÈRES BIÈRES.
BON ÇA NE T'ENNUIE PAS QU'ON FINISSE LA PARTIE CHEZ TOI ALORS?
ET QUE JE SQUATTE TON CANAPÉ NON PLUS?
AU FAIT, FRANCK, T'AS DES NOUVELLES DE TRAPIER...
DEPUIS QUE SA FEMME L'A MIS À LA LOURDE?
LE PAUVRE, IL A COMPLÈTEMENT DÉRAPÉ...
IL S'EST INSTALLÉ À RENNES, DANS UNE COMMUNAUTÉ DE JOUEURS DE FLÉCHETTES...
QUI PENSENT ÊTRE ENTRÉS EN CONTACT AVEC DES EXTRATERRESTRES.
LES MARTIENS S'APPRÊTERAIENT À ENVAHIR LA TERRE, SEULS LES JOUEURS DE FLÉCHETTES SERAIENT SAUVÉS.
OH LES DINGOS! DÉCIDÉMENT...
... ALCOOL & ANTIDÉPRESSEURS NE FONT PAS BON MÉNAGE.

Instantané

Au bout de la nuit. 27 novembre 1974, 8 heures du matin. C'est le dernier round. Pendant vingt-cinq heures, Simone Veil a défendu sa loi sur la légalisation de l'avortement à l'Assemblée nationale. Épuisée après une nuit de débats, la ministre de la Santé attend le verdict des 481 hommes et des 9 femmes qui représentent alors la nation française. C'est le moment que choisit le photographe de l'agence Sygma Philippe Ledru pour immortaliser la ministre. Son attitude est équivoque. Pleure-t-elle ou est-elle accablée de fatigue ?

JEAN-MICHEL BILLIOUD   RUDY SPIESSERT

© PHILIPPE LEDRU / BUREAU 223

L'AVORTEMENT, QUI SE DÉROULAIT PARFOIS DANS DES CONDITIONS ÉPOUVANTABLES, ÉTAIT PASSIBLE DE PRISON, ET LES 300 000 ACTES CLANDESTINS PRATIQUÉS ANNUELLEMENT COÛTAIENT LA VIE À DES CENTAINES DE FEMMES.

PENDANT TOUTE LA DURÉE DES DÉBATS, LA MINISTRE DE LA SANTÉ DE VALÉRY GISCARD D'ESTAING EST LA CIBLE DE TOUTES LES ATTAQUES, LES PLUS VIOLENTES VENANT MÊME DE SON PROPRE CAMP. AVEC UNE BRUTALITÉ INOUÏE, JEAN-MARIE DAILLET, DÉPUTÉ CENTRISTE, OSE MÊME ACCUSER L'ANCIENNE DÉPORTÉE D'AUSCHWITZ-BIRKENAU DE VOULOIR ENVOYER DES EMBRYONS HUMAINS AU FOUR CRÉMATOIRE.

LE PHOTOGRAPHE PHILIPPE LEDRU A OPTÉ POUR UN CADRAGE SERRÉ. LA DISPOSITION DES TÊTES DES TROIS PERSONNAGES POURRAIT ÊTRE EN HARMONIE AVEC LA LIGNE ARRONDIE DES BANCS. MAIS SIMONE VEIL, PAR SON ATTITUDE SINGULIÈRE, CASSE CETTE LINÉARITÉ ET ATTIRE IMMÉDIATEMENT LE REGARD.

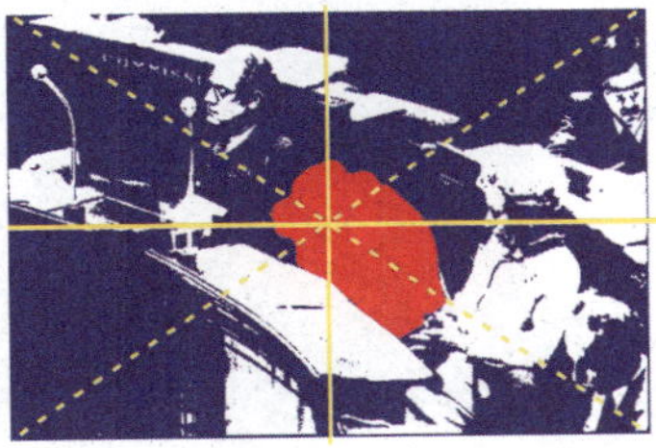

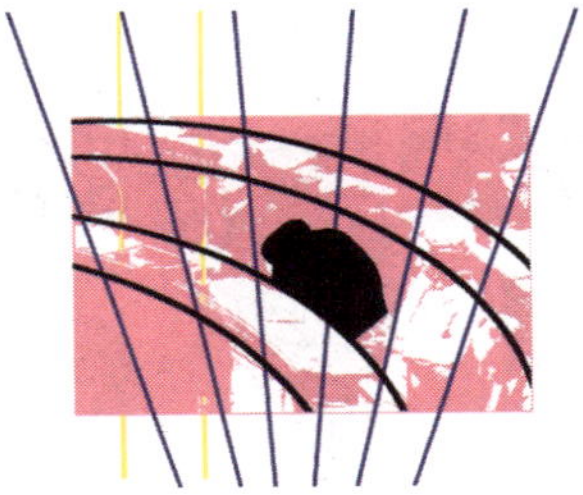

LA PHOTO EST RÉALISÉE EN PLONGÉE, CE QUI RENFORCE L'IMPRESSION D'ÉPUISEMENT DE LA MINISTRE. LES LIGNES COURBES DES BANCS DE L'HÉMICYCLE SONT COUPÉES PAR LA VERTICALITÉ DES MICROS, SYMBOLE DE LA PRÉÉMINENCE DE LA PAROLE DANS CES LIEUX DE DÉBATS.

BEAUCOUP DE JOURNALISTES PENSENT QUE SIMONE VEIL EST EN TRAIN DE CRAQUER. ELLE S'EN DÉFEND : « JE N'AI PLEURÉ QU'UNE FOIS, À LA MORT DE MA SŒUR MILOU. » ELLE Y VOIT UNE ATTAQUE CONTRE LES FEMMES : « C'EST UNE IMAGE QUE L'ON DONNE VOLONTIERS. PLEIN DE PHOTOS ONT ÉTÉ PRISES MAIS C'EST CELLE-CI QU'ON CHOISIT, CELLE DE LA FEMME FAIBLE. MAIS JE NE PLEURE PAS. »

À 3H30, LE TEXTE EST VOTÉ PAR 284 VOIX CONTRE 189. DÉSORMAIS, LES FEMMES ENCEINTES QUE LEUR ÉTAT PLACE « EN SITUATION DE DÉTRESSE » PEUVENT DEMANDER L'AVORTEMENT.

SIMONE VEIL QUITTE ALORS L'ASSEMBLÉE SOUS LES INSULTES DES DÉPUTÉS LES PLUS CONSERVATEURS.

UNE ÉCOLE MALGRÉ TOUT

1907. Un faubourg populaire de Rome voit naître une « maison des enfants », utopie concrète tout droit sortie de l'esprit de Maria Montessori. Un siècle plus tard, les écoles qui portent son nom facturent jusqu'à 9 000 euros l'année. Les pédagogies « alternatives » sont-elles devenues l'incarnation des inégalités ? À Montreuil (Seine-Saint-Denis), dans un quartier où les défis dépassent de loin la seule scolarité, des enseignantes ont décidé de désobéir pour ne pas abdiquer. Seules, avec des bouts de ficelle, elles inventent une autre maternelle.

TAINA TERVONEN   CAROLE MAUREL

VOICI LES GRANDS PÊCHERS...
NIKE LA POLICE
... UNE CITÉ HLM SITUÉE À MONTREUIL, 93, DANS UN QUARTIER DE 7 500 HABITANTS, CLASSÉ ZONE URBAINE SENSIBLE (ZUS).
PLANTÉE AU MILIEU DE LA CITÉ, ENTOURÉE D'IMMEUBLES, IL Y A L'ÉCOLE MATERNELLE.
C'EST LÀ QUE TRAVAILLE LUCIE CABARET.
L'ÉCOLE QU'ELLE DIRIGE COMPTE UNE CENTAINE D'ÉLÈVES, 4 CLASSES, 5 ENSEIGNANTS.
YOUNA
FATOU

EN 2012, L'ÉQUIPE ENSEIGNANTE QUI L'AVAIT PRÉCÉDÉE AVAIT DEMANDÉ LA FERMETURE DE L'ÉTABLISSEMENT À CAUSE DES TENSIONS DANS LE QUARTIER.
AVEC LES AUTRES ENSEIGNANTES, TOUTES FRAÎCHEMENT ARRIVÉES, LUCIE DÉCIDE DE S'INSPIRER DE LA MÉTHODE MONTESSORI.
CHARLOTTE
CLAIRE
ANGÉLIQUE
LAETITIA
ELLES OUVRENT L'ÉCOLE AUX PARENTS ET REPENSENT LEUR PÉDAGOGIE, POUR QU'ELLE RÉPONDE AUX BESOINS DE LEURS ÉLÈVES ET NON AUX ATTENTES DE LEUR HIÉRARCHIE.

DANS CE QUARTIER, IL Y A DES PRIORITÉS QUI NE FIGURENT PAS AU PROGRAMME DE L'ÉDUCATION NATIONALE...
C'EST POUR ÇA QU'ON A DÉCIDÉ DE "DÉSOBÉIR" !
POUR RECRÉER DU LIEN AVEC LES PARENTS.
POUR VALORISER LA RICHESSE DES ORIGINES.
ET POUR RESPECTER LE RYTHME DE CHAQUE ENFANT.
SI L'ENFANT SENT QUE SA FAMILLE EST BIEN ACCUEILLIE, LES APPRENTISSAGES DEVIENNENT PLUS FACILES.

DANS NOS CLASSES, TOUS LES ÂGES SONT MÉLANGÉS. PAS DE PETITE, MOYENNE ET GRANDE SECTIONS.
LES PLUS GRANDS AIDENT LES PLUS PETITS. TRANSMETTRE CE QU'ILS ONT ACQUIS VALORISE LES PREMIERS, ET LES SECONDS APPRENNENT PLUS VITE.
L'ÉDUCATION NATIONALE FIXE DES OBJECTIFS COMMUNS POUR CHAQUE CLASSE, À ATTEINDRE À LA FIN DE CHAQUE ANNÉE SCOLAIRE.
AUX GRANDS PÊCHERS, CHAQUE ÉLÈVE ÉVOLUE À SON PROPRE RYTHME.
PARMI LES EXERCICES INDIVIDUELS EFFECTUÉS, LE MATIN, IL Y A L'ACTIVITÉ DES PLATEAUX :
CHAQUE ÉLÈVE CHOISIT UN PLATEAU AVEC UNE ACTIVITÉ ET S'INSTALLE POUR TRAVAILLER EN AUTONOMIE.

SUR CES PLATEAUX , IL Y A PAR EXEMPLE UNE THÉIÈRE AVEC DE L'EAU QU'IL FAUT VERSER DANS DES BACS À GLAÇONS. DE LA SEMOULE QU'IL FAUT TAMISER. DES LENTILLES À RÉPARTIR DANS DE PETITS BOCAUX.
DES EXERCICES QUI DÉVELOPPENT LA MOTRICITÉ FINE, NÉCESSAIRE POUR L'APPRENTISSAGE DE L'ÉCRITURE.
C'EST BIEN, TIMOTHÉE, CONTINUE !

CERTAINES ACTIVITÉS, COMME CELLES DE NUMÉRATION ET DE CALCUL, DOIVENT ÊTRE FAITES DANS UN CERTAIN ORDRE, POUR PASSER DE L'ACTIVITÉ LA PLUS SIMPLE À LA PLUS COMPLEXE.
LE MATÉRIEL MONTESSORI COÛTE TRÈS CHER...
4
3
1
2
... ON N'A PAS DE BUDGET POUR ÇA, ALORS ON FABRIQUE BEAUCOUP DE CHOSES NOUS-MÊMES.
MAÎTRESSE !
J'AI FINI !
OUI. TU PEUX RANGER MAINTENANT !
PUIS TU PEUX METTRE UN TAMPON DANS TON CAHIER.
ICI, LES ÉLÈVES NE SONT PAS ÉVALUÉS PAR LES ENSEIGNANTS. CHACUN A UN CAHIER À SON NOM, AVEC LA LISTE DES DIFFÉRENTES ACTIVITÉS.
AIDA
JEUDI 9 OCTOBRE 2015
QUAND, APRÈS S'ÊTRE SUFFISAMMENT EXERCÉ, L'ÉLÈVE RÉUSSIT L'ACTIVITÉ, IL NOTE LUI-MÊME LA DATE DANS SON CAHIER. IL PEUT ENSUITE PASSER À L'ACTIVITÉ SUIVANTE, PLUS COMPLEXE.

UNE TELLE MÉTHODE EXIGE BEAUCOUP DE LA PART DES ENSEIGNANTES. COMMENT ÊTRE PRÉSENTE AUPRÈS DE CHACUN DES 25 ÉLÈVES, QUAND ON EST SEULE FACE À SA CLASSE ?

CETTE ANNÉE, J'AI DANS MA CLASSE UN ÉLÈVE QUI AURAIT BESOIN D'AIDE EN PERMANENCE.
IL SE MET EN DANGER ET MET EN DANGER LES AUTRES.
J'AI ALERTÉ LA PSYCHOLOGUE SCOLAIRE. ELLE EST PASSÉE, M'A DIT QU'IL FALLAIT SORTIR JAMES DU GROUPE S'IL NE RESPECTAIT PAS LES RÈGLES.
UNE MISE À L'ÉCART À CHAQUE FOIS QU'IL SORT DU CADRE...
JE N'Y CROIS PAS, À CETTE FAÇON DE FAIRE. POUR MOI, C'EST DE LA VIOLENCE. MAIS SI JE VEUX PROUVER QUE ÇA NE FONCTIONNE PAS, JE SUIS BIEN OBLIGÉE DE LE FAIRE.

J'AI APPELÉ SON ANCIENNE ÉCOLE POUR SAVOIR COMMENT ÇA SE PASSAIT...
?
ON M'A RÉPONDU : ON N'A PAS DE RASED, ON N'A RIEN PU FAIRE.
LES RÉSEAUX D'AIDES SPÉCIALISÉES AUX ÉLÈVES EN DIFFICULTÉ (RASED) REGROUPENT PSYCHOLOGUES ET ENSEIGNANTS SPÉCIALISÉS.
ENTRE 2008 ET 2012, L'ÉDUCATION NATIONALE A SUPPRIMÉ UN TIERS DES EFFECTIFS DE RASED.
IL DEVIENT DE PLUS EN PLUS DIFFICILE DE TROUVER DE L'AIDE POUR UN ÉLÈVE EN DIFFICULTÉ OU EN SITUATION DE HANDICAP.
IL AURAIT BESOIN DE LA PRÉSENCE CONSTANTE D'UN ADULTE...
QUELQU'UN POUR LE CADRER, PHYSIQUEMENT. ET LÀ, CE N'EST PAS POSSIBLE.
IL LUI FAUDRAIT UN AVS.
MAIS POUR OBTENIR CET AUXILIAIRE DE VIE SCOLAIRE, IL FAUT FAIRE PLUSIEURS DÉMARCHES...

TOUT D'ABORD, IL FAUT UN DIAGNOSTIC.
ENSUITE, LES PARENTS DOIVENT SE RÉSOUDRE À CONSTITUER UN DOSSIER À LA MDPH (MAISON DÉPARTEMENTALE DES PERSONNES HANDICAPÉES).
AVS
CDAPH
MD
PH
DIAGNOSTIC
UNE FOIS LE DOSSIER ACCEPTÉ ET UN PROJET PERSONNALISÉ ÉLABORÉ, IL SERA SOUMIS À LA CDAPH (COMMISSION DES DROITS ET DE L'AUTONOMIE DES PERSONNES HANDICAPÉES).
C'EST CETTE COMMISSION QUI DÉCIDERA DE LA MISE EN PLACE D'UNE AIDE EN CLASSE.
TOUT CELA PREND EN GÉNÉRAL PLUSIEURS MOIS.
AUTANT DIRE UNE ÉTERNITÉ POUR UN ENFANT DE 5 ANS QUI AURAIT BESOIN D'AIDE TOUT DE SUITE.

LUCIE ET SON ÉQUIPE DOIVENT AUSSI COMPOSER AVEC LE REGARD DE L'INSTITUTION.

LA SEMAINE PROCHAINE, CE SERA L'INSPECTION. LES ENSEIGNANTES SE RÉUNISSENT EN CONSEIL DES MAÎTRES POUR EN DISCUTER..

À LA FIN, IL DONNE UNE NOTE.
7/10
CETTE NOTE PERMETTRA À L'ENSEIGNANT DE MONTER DANS LES ÉCHELONS ET DE VOIR SON SALAIRE AUGMENTER.

EN GÉNÉRAL, L'INSPECTION SE FAIT DE FAÇON INDIVIDUELLE POUR CHAQUE ENSEIGNANT...
NOUS, ON A DEMANDÉ UNE INSPECTION D'ÉCOLE, POUR QU'ON N'AIT PAS À DÉFENDRE INDIVIDUELLEMENT UN PROJET QUI A ÉTÉ PENSÉ ENSEMBLE. ON SERA DONC TOUTES INSPECTÉES PENDANT LA MÊME SEMAINE.

UNE SEMAINE PLUS TARD, L'INSPECTRICE OBSERVE LUCIE LORS DE L'ATELIER CUISINE DU MERCREDI, OUVERT AUX PARENTS.
AUJOURD'HUI, ON VA TRAVAILLER SUR LA COULEUR DES LÉGUMES.
ÇA, C'EST UN GROS RADIS NOIR, ÇA PIQUE UN PEU FORT.
ET ÇA, À QUEL LÉGUME ÇA RESSEMBLE?
CORNICHON !
CONCOMBRE !!
ÇA RESSEMBLE À UN CORNICHON MAIS C'EST UN CONCOMBRE
JE VAIS UTILISER MES MORCEAUX DE LÉGUMES COMME SI JE FAISAIS UN COLLAGE.
VOUS POUVEZ COUPER LES LÉGUMES S'ILS NE SONT PAS DE LA FORME QUE VOUS VOUDRIEZ.
ET NOUS ALLONS FAIRE DES ASSIETTES. SI VOUS VOULEZ FAIRE DE BELLES ASSIETTES COMME DANS UN GRAND RESTAURANT, IL FAUT SE CONCENTRER.

QUAND ILS ONT TERMINÉ, LES ENFANTS FONT LE TOUR DES TABLES POUR REGARDER LES ASSIETTES DES AUTRES, LUCIE LES FAIT PARLER DE LEUR CRÉATION.
KHADY, QU'EST-CE QUE TU AS ESSAYÉ DE FAIRE ?
EUH... UN BONHOMME!
ET PUIS J'AI DÉCORÉ AUTOUR !
ET MOI, J'AI FAIT UN BRACELET DE NOËL EN LÉGUMES.
MOI, J'AI FAIT UN MONSTRE !
ET TOI, FATOUMATA ?
UNE MAIS...
UNE QUOI ?
UNE MAISON !
AAAH !
BRAVO, LES ENFANTS ! VOUS AVEZ DES IDÉES TRÈS ORIGINALES ! APRÈS LA RÉCRÉATION, ON POURRA DÉGUSTER LES LÉGUMES.
VOUS CHERCHEZ À FAIRE QUOI ? VOUS ÉVALUEZ QUOI ?
LES ENFANTS APPRENNENT À CONNAÎTRE LES LÉGUMES, À LES NOMMER.
C'EST AUSSI UN TRAVAIL SUR L'INTENTION : ILS DOIVENT DÉCIDER S'ILS VEULENT COUPER LES LÉGUMES OU PAS, DÉCIDER DE LA FAÇON DONT ILS VEULENT LES PRÉSENTER.
MAIS VOUS ÉVALUEZ ÇA COMMENT ?
...
POUR NOUS, LES ATELIERS DU MERCREDI, C'EST VRAIMENT POUR FAIRE AUTREMENT, POUR AVOIR DU PLAISIR, POUR LES ENFANTS, POUR LES PARENTS, ET AUSSI POUR NOUS.

LES PARENTS, EUX NON PLUS, NE SAVENT PAS TOUJOURS QUOI PENSER DES MÉTHODES DES ENSEIGNANTES. ILS N'ONT PAS CHOISI CETTE ÉCOLE À CAUSE DE SA PÉDAGOGIE. C'EST JUSTE QU'ILS HABITENT ICI, DANS CETTE CITÉ.

ON S'EST RENDU COMPTE QU'ON PARLAIT PARFOIS EN LANGAGE DE MAÎTRESSE, ET QUE ÇA N'AIDAIT PAS CERTAINS PARENTS À SE SENTIR EN CONFIANCE AVEC LE PROJET.
NOTRE ÉQUIPE A DONC DÉCIDÉ DE TRAVAILLER AUTOUR D'UN PROJET INTITULÉ: "MON ÉCOLE, UN QUARTIER, DES FAMILLES".
LE BUT EST D'ASSOCIER LES PARENTS À LA VIE DE L'ÉCOLE ET D'OUVRIR L'ÉCOLE SUR LE QUARTIER.
DES VISITES DE JARDINS PARTAGÉS, DES ATELIERS AVEC DES INTERVENANTS EXTÉRIEURS...
PAR EXEMPLE, AVEC MA CLASSE, NOUS ALLONS FAIRE UN TRAVAIL AVEC UNE DANSEUSE QUI EST AUSSI PSYCHOMOTRICIENNE AUTOUR DE L'ÉCRITURE...
... POUR APPRÉHENDER L'ÉCRIT AVEC SON CORPS... MAIS AVEC DE LA POÉSIE... EUH...
JE L'EXPLIQUE VRAIMENT TRÈS MAL CE SOIR !
ÉCRIRE, C'EST UN GESTE CORPOREL.
OUI, VOILÀ, MERCI !

CERTAINS PARENTS NE COMPRENNENT PAS TOUJOURS CE QU'ON ESSAIE DE FAIRE.
PAR EXEMPLE, ON N'A PAS ENVIE DE DONNER DES NOTES ET DE COMPARER LES ENFANTS ENTRE EUX, MAIS LES FAMILLES, ELLES, SONT EN DEMANDE DE TOUT ÇA.
? / 10
ALORS, NOUS, AVEC NOTRE SABLE ET NOTRE SEMOULE, ON EST MIGNONNES, MAIS BON...
IL Y A CEUX POUR QUI L'ÉCOLE EST LA SEULE PORTE DE SORTIE POSSIBLE DE LA MISÈRE. ILS S'INQUIÈTENT DE VOIR LEUR ENFANT DE 5 ANS AVEC DES PETITS D'À PEINE 3 ANS.
ET PUIS IL Y A CEUX QUI N'Y CROIENT PLUS DU TOUT.
ÇA, C'EST DIFFICILE. QUAND ON SENT QUE LES PARENTS ONT DÉJÀ BAISSÉ LES BRAS.

LE DISCOURS TENU AUX PARENTS, C'EST QUE L'ÉCOLE, C'EST LA POSSIBILITÉ D'UN ASCENSEUR SOCIAL. ET EN MÊME TEMPS, L'ÉCOLE REPRODUIT LA DOMINATION. C'EST TRÈS CONTRADICTOIRE.
LA MIXITÉ SOCIALE À L'ÉCOLE, CE N'EST PAS FORCÉMENT LA PANACÉE. ÇA GÉNÈRE AUSSI DE LA VIOLENCE, PARCE QUE L'ÉCOLE EST CHAMPIONNE POUR EXCLURE ET RECRÉER DE L'INÉGALITÉ.
ON EST JEUNES, ON EST BLANCHES. ON REPRÉSENTE LA DOMINATION DANS LA SOCIÉTÉ DANS LAQUELLE ON VIT. IL FAUT COMPOSER AVEC ÇA.

À QUELQUES KILOMÈTRES DE LÀ, DANS LES QUARTIERS DU BAS MONTREUIL HABITÉS PAR DES FAMILLES BOBOS - DONT CELLE DE LUCIE - DE LA CLASSE MOYENNE, IL Y A DEUX JARDINS D'ENFANTS MONTESSORI. C'EST PRIVÉ, ÇA COÛTE 600 EUROS PAR MOIS ET LA LISTE D'ATTENTE EST LONGUE.

C'EST POUR CELA QUE, CETTE ANNÉE, L'ÉQUIPE A DÉCIDÉ D'ORGANISER UNE CLASSE TRANSPLANTÉE, DANS UNE FERME PÉDAGOGIQUE, POUR FAIRE DÉCOUVRIR LA CAMPAGNE AUX ENFANTS. LES ÉLÈVES DE DEUX CLASSES PARTIRONT TROIS JOURS SANS LEURS PARENTS. C'EST UNE GRANDE PREMIÈRE POUR LA PLUPART D'ENTRE EUX. LES PARENTS, EUX, SONT DUBITATIFS.

DES RÉUNIONS D'INFORMATION SONT ORGANISÉES :

L'ÉQUIPE A SES DOUTES, ELLE AUSSI. SEULEMENT UNE DIZAINE DE FAMILLES ONT CONFIRMÉ LA PARTICIPATION DE LEURS ENFANTS. LA PLUPART HÉSITENT ENCORE.

LA LISTE DES TÂCHES EST LONGUE : FAIRE LE VOYAGE EN CAR, PARTAGER LES REPAS, ACCOMPAGNER LA TOILETTE ET L'HABILLAGE...

L'ÉQUIPE DISCUTE AUSSI AVEC DES PSYS DE RUE QUI TRAVAILLENT DANS LE QUARTIER POUR COMPRENDRE LES BLOCAGES.

PUIS, À QUELQUES SEMAINES DU DÉPART :
LUCIE DOIT FAIRE UN SIGNALEMENT À L'AIDE SOCIALE À L'ENFANCE.
ON PARLAIT DE LA CLASSE TRANSPLANTÉE, ET UNE PETITE FILLE S'EST EXCLAMÉE :
CHOUETTE, JE NE VAIS PAS ME FAIRE TAPER PENDANT TROIS JOURS !
C'EST LE TROISIÈME DE L'ANNÉE. LUCIE DOIT TOUJOURS ANNONCER LE SIGNALEMENT AUX PARENTS. C'EST UN MOMENT DÉLICAT...
C'EST DIFFICILE D'ÊTRE DANS CETTE CONSTRUCTION D'UN LIEN AVEC LES PARENTS. ET EN MÊME TEMPS D'ÊTRE DU CÔTÉ DE L'ENFANT. DE FAIRE LES CHOSES POUR L'ENFANT, ET PAS CONTRE LES PARENTS.

APRÈS UN SIGNALEMENT, IL Y A UNE ENQUÊTE SOCIALE MENÉE PAR UNE ASSISTANTE SOCIALE DU CONSEIL GÉNÉRAL. PUIS UN JUGE DÉCIDE DES ÉVENTUELLES MESURES ÉDUCATIVES À METTRE EN PLACE.

... D'AUTANT PLUS QUE LES CHOSES NE SE SONT PAS ARRANGÉES POUR JAMES.
LUCIE A RÉUSSI À ORGANISER UNE RÉUNION.
IL Y AVAIT LE MÉDECIN SCOLAIRE, LA PSYCHOLOGUE SCOLAIRE, LE MAÎTRE RÉFÉRENT DE L'ÉCOLE, LA CONSEILLÈRE D'AIDE À LA SCOLARISATION, LA MÈRE DE JAMES, LAETITIA ET LUCIE.

MAINTENANT, L'ENFANT DOIT ÊTRE SUIVI AU CMPP (CENTRE MÉDICO-PSYCHO-PÉDAGOGIQUE).
LA PSYCHOLOGUE SCOLAIRE A DIT QUE LE RENDEZ-VOUS ÉTAIT URGENT.
MAIS À MONTREUIL, LES DÉLAIS SONT DE SIX MOIS À DEUX ANS...
LA SOLUTION SERAIT DE CONSULTER UN MÉDECIN DANS LE PRIVÉ, CELA IRAIT PLUS VITE.
MAIS ÇA COÛTE CHER, ET CE SONT LES PARENTS QUI PAYENT.
ON SAIT QU'ON N'AURA JAMAIS L'AVS. ON SAIT QU'IL N'Y AURA JAMAIS RIEN POUR CE GAMIN. DÉJÀ, QUAND TU ES SOURD À 80%, ILS ESSAIENT DE FAIRE COMME SI TU NE L'ÉTAIS QU'À 40% POUR ÉVITER LES FRAIS.
ON SAIT QUE LA SEULE FAÇON D'OBTENIR QUELQUE CHOSE, C'EST QUE LES PARENTS SE BATTENT. MAIS COMMENT VONT-ILS SE BATTRE S'ILS NE SONT ACCOMPAGNÉS PAR PERSONNE ? C'EST DÉJÀ TRÈS DUR D'ACCEPTER QUE SON ENFANT AIT BESOIN D'AIDE...
ET VOILÀ COMMENT, EN GRANDE SECTION DE MATERNELLE, LE SORT DE CET ENFANT SEMBLE ÊTRE SCELLÉ...

DEUX SEMAINES PLUS TARD, FAUTE DE MIEUX, L'ÉQUIPE DÉCIDE D'UNE NOUVELLE ORGANISATION : JAMES TOURNE ENTRE LES QUATRE CLASSES, UNE JOURNÉE DANS CHACUNE.
C'EST LA SEULE SOLUTION QUE L'ÉQUIPE AIT TROUVÉE POUR SOULAGER LA CLASSE DE LUCIE.
C'EST HORRIBLE CE QU'ON EST EN TRAIN DE FAIRE AVEC JAMES...
CE GAMIN, IL A BESOIN DE STABILITÉ AVANT TOUT, ET LÀ, C'EST TOUT LE CONTRAIRE.
OUI, MAIS SINON CE SONT LES APPRENTISSAGES ET LA SÉCURITÉ DES AUTRES ÉLÈVES QUI SONT MIS EN PÉRIL.
CETTE SOLUTION DE LA ROTATION EST LA MOINS PIRE.
J'AI DÛ EXPLIQUER À LA MAMAN QUE C'ÉTAIT CE QU'ON AVAIT TROUVÉ COMME COMPROMIS ENTRE LES INTÉRÊTS DE L'ÉCOLE ET LES INTÉRÊTS DE SON ENFANT.
MAIS C'EST TERRIBLE DE DIRE ÇA À UN PARENT.

LA SITUATION NE S'AMÉLIORE PAS AVEC LA ROTATION. JAMES S'EST MIS À FRAPPER LES ENSEIGNANTES.
CHARLOTTE A ÉTÉ ARRÊTÉE UNE SEMAINE APRÈS AVOIR DÛ MAÎTRISER L'ENFANT.
ANGÉLIQUE A REÇU UN COUP. LUCIE AUSSI.
LUCIE A ALERTÉ L'INSPECTEUR. IL A ENVOYÉ UNE DE SES COLLABORATRICES, QUI EST VENUE OBSERVER LA SITUATION EN CLASSE.
PUIS LUCIE A CONVOQUÉ UN CONSEIL DES MAÎTRES EXTRAORDINAIRE AVEC L'INSPECTEUR. CETTE FOIS-CI, IL EST VENU LUI-MÊME.
CMPP
IL A PROMIS DE TROUVER PONCTUELLEMENT DES HEURES D'AVS, MAIS RIEN N'EST CONFIRMÉ.
L'INSPECTEUR NE S'OCCUPE PAS QUE DES GRANDS PÊCHERS, IL A 24 ÉCOLES DANS SA CIRCONSCRIPTION.
CMPP
LE SUIVI AU CMPP A ÉTÉ MIS EN PLACE MAIS IL N'Y A TOUJOURS PAS DE DIAGNOSTIC.

ON NE SE SENT PAS SOUTENUES PAR NOTRE HIÉRARCHIE. ON NE SAIT PLUS QUOI FAIRE...
MMMH, ON PEUT PEUT-ÊTRE TROUVER UNE AUTRE ÉCOLE OÙ PLACER CET ENFANT ?
ON ESSAIE JUSTE DE FAIRE RECONNAÎTRE LE BESOIN D'AIDE DE CET ÉLÈVE !
ET VOUS, VOUS NOUS CONSEILLEZ DE L'ENVOYER AILLEURS ?!
JE NE SUIS PAS DEVENUE INSTIT POUR REFILER LES PATATES CHAUDES AUX AUTRES !!
CE N'EST PAS COMME ÇA QUE JE VOIS MON MÉTIER !!
AVEC JAMES, L'ÉQUIPE SE HEURTE DUREMENT AUX LIMITES DE L'INSTITUTION ET DE SON PROJET : LE MANQUE DE MOYENS HUMAINS, LE MANQUE D'ARGENT. POUR PRÉSERVER LE PROJET D'ÉCOLE, LUCIE ET SES COLLÈGUES ONT LE SENTIMENT DE SACRIFIER UN ENFANT. LA CONTRADICTION EST DIFFICILE À ASSUMER.

QUAND LE PRINTEMPS ARRIVE, L'ÉQUIPE EST ÉPUISÉE.
ANGÉLIQUE A DEMANDÉ SA MUTATION. SA DÉCISION A MÛRI PENDANT L'HIVER, ELLE N'A PAS RÉUSSI À TROUVER SA PLACE DANS CE PROJET-CI :
JE VEUX ALLER DANS UNE STRUCTURE PLUS CLASSIQUE. JE NE ME SENS PAS SUFFISAMMENT SÛRE DE MOI ICI.
CLAIRE A DEMANDÉ UN POSTE AMÉNAGÉ :
POUR PRENDRE DES ÉLÈVES EN PETITS GROUPES, POUR DES ACTIVITÉS HORS CLASSE.
CHARLOTTE, ELLE, S'EST IMPLIQUÉE DE PLUS EN PLUS DANS LE PROJET :
J'OCCUPE DEPUIS SEPT ANS DES POSTES PROVISOIRES ET J'ESPÈRE AVOIR, ENFIN, UN POSTE FIXE AUX GRANDS PÊCHERS.
TOUT CELA EST DÉCIDÉ PAR L'ACADÉMIE EN FONCTION DES POINTS DE CHAQUE ENSEIGNANT. LES ÉTABLISSEMENTS N'ONT PAS LEUR MOT À DIRE. POUR L'ÉQUIPE DES GRANDS PÊCHERS, C'EST UNE PÉRIODE STRESSANTE.

À LA RENTRÉE PROCHAINE, TROIS NOUVELLES ENSEIGNANTES REJOINDRONT L'ÉQUIPE : UNE POUR LA NOUVELLE CLASSE DE TPS (TOUTE PETITE SECTION), UNE POUR REMPLACER ANGÉLIQUE, UNE POUR REMPLACER LE MI-TEMPS DE CLAIRE.

POUR L'ANNÉE PROCHAINE, IL N'Y AURA RIEN POUR JAMES. PAS D'AVS, RIEN. IL IRA DANS UNE CLASSE DE CP ORDINAIRE. SES PARENTS N'ONT PAS DÉPOSÉ DE DOSSIER À LA MDPH. TOUT RECOMMENCE À ZÉRO DANS LA NOUVELLE ÉCOLE.
MD
PH
AGNOSTIC
J'AI EU LE SENTIMENT DE N'AVOIR EU AUCUNE AIDE.
LA MÉDECIN SCOLAIRE M'A FAIT COMPRENDRE QUE, DE TOUTE FAÇON, LA MÉTHODE PÉDAGOGIQUE DE L'ÉCOLE NE CONVENAIT PAS À L'ENFANT.
EST-CE QU'ELLE M'AURAIT FAIT LA REMARQUE SI ON TRAVAILLAIT AVEC DES FICHES PHOTOCOPIÉES, COMME LES AUTRES ?

ET PUIS, LA CLASSE TRANSPLANTÉE A EU LIEU. FINALEMENT, 32 ÉLÈVES SUR 45 SONT PARTIS, AVEC QUATRE PARENTS, LUCIE, LAETITIA, CLAIRE ET DEUX ANIMATRICES. L'ÉQUIPE ET LES ÉLÈVES SONT REVENUS RAVIS DE L'EXPÉRIENCE.

DEPUIS LA FIN
DU REPORTAGE AUX
GRANDS PÊCHERS...
MALGRÉ LES RUMEURS
QUI ONT COURU DE NOUVEAU,
LA MATERNELLE N'A PAS FERMÉ.
ET MALGRÉ LES
CHANGEMENTS DANS
L'ÉQUIPE, LE PROJET
D'ÉCOLE EST TOUJOURS
EN PLACE.

IL ARRIVE MÊME QUE
DES REPRÉSENTANTS DU RECTORAT
SE DÉPLACENT POUR EN SAVOIR
PLUS SUR CE QUI A DÉSORMAIS
ÉTÉ RECONNU COMME UNE
"EXPÉRIMENTATION INNOVANTE".

L'école des inégalités n'est pas une fatalité

L'école française ne donne pas les mêmes chances à tous. Pis, elle creuse les inégalités. Mais si la solution miracle n'existe pas, des pistes se profilent en France comme à l'étranger.

LA FRANCE, CHAMPIONNE DES INÉGALITÉS

C'est la part des élèves issus de **milieux défavorisés** en difficulté, contre 34 % en moyenne dans l'OCDE*. Seuls 2% d'entre eux se classent parmi les meilleurs élèves.

LA MÉRITOCRATIE

Le système scolaire français est très performant pour **former des élites** mais laisse des élèves sur la touche.

* Organisation de coopération et de développement économiques

LES LIMITES DE LA CLASSIFICATION EN REP

Autrefois ZEP, désormais appelés REP et REP+, les réseaux d'éducation prioritaire permettent d'avoir moins d'élèves par classe, plus d'enseignants que de classes dans l'établissement et plus de **jours de formation**. Le dispositif aurait cependant des limites : la classification en REP ferait fuir les familles plus favorisées, accentuant le phénomène de ségrégation scolaire.

EN CLASSE DÈS 2 ANS

L'école française est l'une des rares à accueillir des enfants dès deux ans. Cette **scolarisation précoce** vise à favoriser la socialisation et le développement du langage des enfants issus de milieux défavorisés. À condition d'avoir de petits groupes et suffisamment d'adultes pour s'en occuper.

En Scandinavie, un effectif maximal a été fixé.

En France, l'effectif moyen est plus élevé.

LE SOUTIEN INDIVIDUEL

22 % des élèves finlandais en primaire et au collège bénéficient d'un soutien individuel **pris en charge** par l'établissement et organisé sur le temps scolaire.

LES COURS PRIVÉS

La France est le premier marché de cours privés de l'Union européenne. Un élève sur douze bénéficie de cet **accompagnement payant.** Or ce sont rarement les élèves les plus en difficulté qui y ont accès.

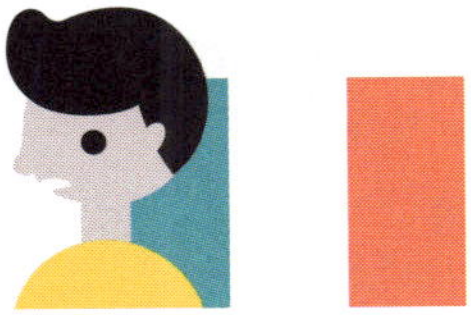

UN ACCÈS À LA CULTURE POUR TOUS

En France, c'est la part des enfants en REP qui n'ont **aucun livre** à la maison. L'implantation de lieux culturels, tels que des médiathèques, dans les quartiers est un levier pour résorber les inégalités.

DES REPAS POUR TOUS

La Finlande et la Suède proposent une **cantine gratuite** à tous les enfants. En France, les élèves des milieux modestes sont deux fois plus nombreux (40 %) à ne pas fréquenter la restauration scolaire que ceux des milieux favorisés (22 %).

INFOGRAPHIES : DORIANE TCHEKHOVITCH

© AFP

En France, 45 % des élèves se disent angoissés de ne pas réussir à l'école, selon une étude de l'Unicef.

MAKING-OF

« Je suis arrivée aux Grands Pêchers un matin d'automne en 2014. J'y ai passé un an et demi, assise sur une chaise pour enfant, avec un stylo à la main et un respect grandissant pour le métier d'enseignant. » Taina Tervonen.

« J'ai réalisé le rêve de nombreux parents en retournant en maternelle. Cela m'a permis de mieux saisir l'espace mais aussi de renouer avec des choses que j'avais oubliées. Difficile pourtant de rendre compte de la richesse d'une année en 30 planches de bande dessinée ! » Carole Maurel.

À LIRE

Les Lois naturelles de l'enfant, **de Céline Alvarez. Une institutrice expérimente la méthode Montessori dans une maternelle à Gennevilliers (92).** Éd. Les Arènes (2016)

À VOIR

Le COD et le Coquelicot, **de Jeanne Paturle et Cécile Rousset. Très joli moyen-métrage documentaire en animation sur le quotidien d'une école difficile du nord de Paris.** (2014)

TOUT ÇA POURQUOI ?

La Manif pour tous. Mariage, adoption, aide à la procréation : dès qu'il s'agit d'étendre un droit «à tous», ils sont vent debout. En septembre 2012, à peine Christiane Taubira avait-elle présenté son projet de loi ouvrant le mariage aux couples de même sexe que l'association pro-vie de Christine Boutin lançait les hostilités. Deux mois plus tard, La Manif pour tous était née. Forts de leur organisation millimétrée, les milieux catholiques conservateurs ont, pendant des mois, fait descendre dans la rue des centaines de milliers de novices de la contestation. Et depuis ? Cette chronique propose de remonter le temps.

GEOFFREY BONNEFOY NICOBY

24 MARS 2013, DIMANCHE DES RAMEAUX. UNE MANIFESTATION D'AMPLEUR MARQUE L'APOGÉE DU MOUVEMENT. LA MANIF POUR TOUS REVENDIQUE PLUS DE 1,4 MILLION DE PARTICIPANTS.
NOUS SOMMES TOUS DES ENFANTS D'HÉTÉROS !
HOLLANDE, TA LOI, ON N'EN VEUT PAS !
UN PAPA UNE MAMAN ON NE MENT PAS AUX ENFANTS !
UN PÈRE + UNE MÈRE C'EST ÉLÉMENTAIRE !
NON
on veut du sexe pas du genre
PAPA MAMAN BEBE
LA POLICE, ELLE, N'A RECENSÉ QUE 300 000 PERSONNES.

FRIGIDE BARJOT ÉTAIT L'ÉGÉRIE DE LA MANIF POUR TOUS. CATHO BRANCHÉE ET MÉDIATIQUE, ELLE EST MONTÉE EN PREMIÈRE LIGNE CONTRE LE MARIAGE POUR TOUS.
C'EST SÛR QUE J'AI ÉTÉ DE TOUTES LES MANIFS...
...TOUTES SAUF UNE : CELLE DU 26 MAI 2013. À CAUSE DE LUDOVINE DE LA ROCHÈRE, QUI M'A GENTIMENT MISE À LA PORTE DU MOUVEMENT.
TU ALLAIS BAISSER LES BRAS ! SOUS PRÉTEXTE QUE LA LOI TAUBIRA ÉTAIT VOTÉE.
BAISSER LES BRAS ? ALORS QUE J'AI MONTÉ MON PROPRE MOUVEMENT ?! C'EST N'IMPORTE QUOI ! IL FALLAIT RÉORIENTER LE COMBAT.
VOUS AVEZ ÉTÉ RÉCUPÉRÉS ! VOUS VOUS ÊTES FAIT BOUFFER PAR LES EXTRÉMISTES !
PFF
SAUF QUE TON "AVENIR POUR TOUS" N'A PAS DURÉ ! TROP MODÉRÉ.
ET LMPT A EU BIEN DU MAL À SURVIVRE À MON DÉPART !
"JE DEMANDE PARDON AUX HOMOS QUE J'AI BLESSÉS"... TU ES TOMBÉE BIEN BAS !
JE N'ÉTAIS PAS DANS MON ASSIETTE ! JE TE RAPPELLE QU'ON VENAIT DE ME FOUTRE À LA PORTE DE MON APPART !
JE COMPRENDS QUE FILLON AIT VOULU TE DÉGAGER DE SA SOIRÉE DES PRIMAIRES, T'ES UNE LOSEUSE !

1. Expression visant à décrédibiliser les études du genre. 2. La gestation pour autrui, sa légalisation n'a jamais été envisagée.
3. Manière, pour ses opposants, de désigner l'ouverture de la procréation médicalement assistée (PMA) à toutes les femmes.

LA MANIF POUR TOUS A SERVI DE TREMPLIN POLITIQUE À MADELEINE BAZIN DE JESSEY. LORSQUE LES MANIFESTATIONS PRENNENT DE L'AMPLEUR, CETTE JEUNE NORMALIENNE CATHOLIQUE DÉCIDE D'Y PRENDRE PART.
J'AI D'ABORD COFONDÉ LES VEILLEURS, LE PENDANT JEUNE DE LA MANIF POUR TOUS. C'EST SUITE À ÇA QUE L'UMP M'A APPROCHÉE.
COPÉ EN TÊTE, QUI M'A PROPOSÉ DE MONTER SENS COMMUN AU SEIN DU PARTI, SUIVI PAR WAUQUIEZ ET SARKOZY.
LE MOUVEMENT SENS COMMUN LUTTE CONTRE LA RÉFORME DE CIVILISATION VOULUE PAR LA GAUCHE.
QUAND COPÉ A PROMIS D'ABROGER LA LOI TAUBIRA, C'EST SÛR QUE ÇA M'A PLU !
OUI, ENFIN, IL A QUAND MÊME RETOURNÉ SA VESTE EN 2016.
C'EST VRAI, FRANÇOIS.
C'EST BIEN POUR ÇA QU'ON A CHOISI DE TE SOUTENIR DÈS SEPTEMBRE 2016.
MOUI... BOF.
C'EST VRAI QUE ÇA N'A PAS SUFFI À GAGNER, MAIS ON NE VA PAS ARRÊTER DE SE BATTRE POUR AUTANT ! IL Y A DE L'ESPOIR, REGARDE : MÊME WAUQUIEZ DÉFEND NOTRE CAUSE !
SENS COMMUN N'EST PAS PRÈS DE DISPARAÎTRE !
AH... WAUQUIEZ...

*Nicolas Sarkozy a déclaré en 2014 devant les militants de Sens commun qu'il abrogerait la loi Taubira en cas d'élection, avant de retourner sa veste en janvier 2016.

* L'ABCD de l'égalité, un dispositif visant à lutter contre les stéréotypes filles-garçons à l'école a été souvent caricaturé.

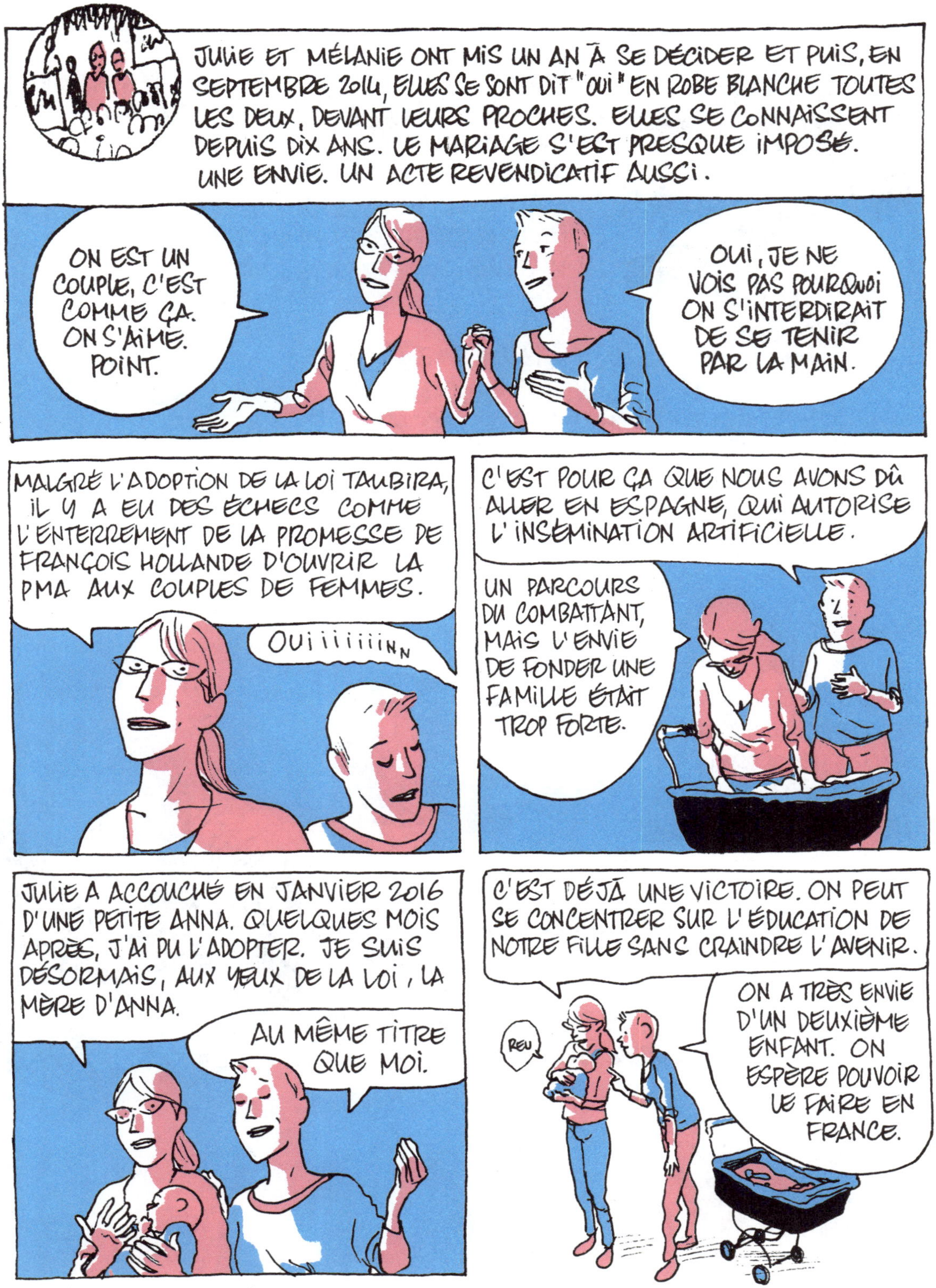
JULIE ET MÉLANIE ONT MIS UN AN À SE DÉCIDER ET PUIS, EN SEPTEMBRE 2014, ELLES SE SONT DIT "OUI" EN ROBE BLANCHE TOUTES LES DEUX, DEVANT LEURS PROCHES. ELLES SE CONNAISSENT DEPUIS DIX ANS. LE MARIAGE S'EST PRESQUE IMPOSÉ. UNE ENVIE. UN ACTE REVENDICATIF AUSSI.
ON EST UN COUPLE, C'EST COMME ÇA. ON S'AIME. POINT.
OUI, JE NE VOIS PAS POURQUOI ON S'INTERDIRAIT DE SE TENIR PAR LA MAIN.
MALGRÉ L'ADOPTION DE LA LOI TAUBIRA, IL Y A EU DES ÉCHECS COMME L'ENTERREMENT DE LA PROMESSE DE FRANÇOIS HOLLANDE D'OUVRIR LA PMA AUX COUPLES DE FEMMES.
OUIIIIIIINN
C'EST POUR ÇA QUE NOUS AVONS DÛ ALLER EN ESPAGNE, QUI AUTORISE L'INSÉMINATION ARTIFICIELLE.
UN PARCOURS DU COMBATTANT, MAIS L'ENVIE DE FONDER UNE FAMILLE ÉTAIT TROP FORTE.
JULIE A ACCOUCHÉ EN JANVIER 2016 D'UNE PETITE ANNA. QUELQUES MOIS APRÈS, J'AI PU L'ADOPTER. JE SUIS DÉSORMAIS, AUX YEUX DE LA LOI, LA MÈRE D'ANNA.
AU MÊME TITRE QUE MOI.
C'EST DÉJÀ UNE VICTOIRE. ON PEUT SE CONCENTRER SUR L'ÉDUCATION DE NOTRE FILLE SANS CRAINDRE L'AVENIR.
REU
ON A TRÈS ENVIE D'UN DEUXIÈME ENFANT. ON ESPÈRE POUVOIR LE FAIRE EN FRANCE.

EN ATTENDANT...

LMPT S'AFFICHE ENCORE. LORS DES CHASSÉS-CROISÉS ESTIVAUX DE 2017, CERTAINS MILITANTS BRANDISSENT TOUJOURS LEURS DRAPEAUX, PARFOIS DANS DES ENDROITS INCONGRUS, COMME SUR CE PONT AU-DESSUS DE L'AUTOROUTE A9. LEUR NOUVEAU CHEVAL DE BATAILLE : LA LUTTE CONTRE LA PMA POUR TOUTES LES FEMMES, UNE MESURE ANNONCÉE À L'HORIZON 2018 PAR L'EXÉCUTIF.

LES SENTINELLES POURSUIVENT LEURS COUPS DE COM ! APRÈS DES MOIS D'ABSENCE DE LA PLACE VENDÔME OÙ ILS S'ÉTAIENT INSTALLÉS POUR PROTESTER, IMMOBILES ET SILENCIEUX, FACE AU MINISTÈRE DE LA JUSTICE, CE MOUVEMENT NÉ DE LA MANIF POUR TOUS A MIS EN SCÈNE UN ÉNIÈME RETOUR À LA RENTRÉE.

LMPT, MACHINE À CLICS : PLUS DE 35000 ABONNÉS TWITTER, 51 000 FACEBOOK ET 400 000 DESTINATAIRES MAILS. LE MOUVEMENT S'APPUIE SUR UNE HORDE DE MILITANTS 2.0 POUR DIFFUSER SES IDÉES.

DES IDÉES QUI IMPRÈGNENT LES DÉBATS POLITIQUES. DE FRANÇOIS FILLON À LAURENT WAUQUIEZ, LES COMBATS DE LA MANIF POUR TOUS TROUVENT DES DÉFENSEURS CHEZ LES HOMMES POLITIQUES DE DROITE. UN MOYEN EFFICACE POUR CAPTER UN ÉLECTORAT CONSERVATEUR.

LES IDÉES DE LMPT SONT PARTAGÉES PAR UN QUART DES FRANÇAIS : À LA FIN DE 2016, 24 %* DES FRANÇAIS SE DÉCLARAIENT PROCHES "DES VALEURS ET DES IDÉES DÉFENDUES PAR LA MANIF POUR TOUS". UN CHIFFRE EN NETTE BAISSE PAR RAPPORT À 2014, OÙ ILS ÉTAIENT 31 %.

AU MOINS

8600

ACTES HOMOPHOBES DE 2013 À 2016 SELON

SOS-HOMOPHOBIE.

EN 2013, APOGÉE DE LA MANIF POUR TOUS, CES ACTES CONNAISSENT UNE HAUSSE DE 78 % PAR RAPPORT À 2012. SUR INTERNET, DANS LES LIEUX PUBLICS, À L'ÉCOLE ET AU TRAVAIL, INSULTES, MENACES ET MÊME APPELS AU MEURTRE SE MULTIPLIENT. L'ASSOCIATION DÉNOMBRE ALORS UNE AGRESSION PHYSIQUE TOUS LES DEUX JOURS. DEPUIS L'ADOPTION DE LA LOI TAUBIRA, LES CHIFFRES SONT EN RECUL MAIS CONNAISSENT DES SOUBRESAUTS.

VIEILLES IDÉES, NOUVEAUX COMBATS. APRÈS LA BATAILLE CONTRE LA LOI TAUBIRA, LA MANIF POUR TOUS FAIT DÉSORMAIS LA GUERRE... AUX FÉMINISTES ET S'OPPOSE À LEURS TENTATIVES DE FAIRE ÉVOLUER L'ÉCOLE ET LA GRAMMAIRE VERS UNE APPROCHE DES GENRES PLUS ÉGALITAIRE.

* SOURCE IFOP.

La revue des cinés

Laurel et Hardy. L'humour tarte à la crème, c'est eux. Littéralement. Entre un entartage et une culbute, difficile de déceler derrière les gags de ce duo burlesque la moindre leçon de philosophie. René Goscinny voyait pourtant en eux de meilleurs « maîtres à penser » que Kant et Spinoza. Depuis leur premier film, il y a bientôt un siècle, le gros, le petit et leur formidable complicité inspirent… jusque dans la bande dessinée.

CATEL

Au même âge, dans les années 1930, le jeune René découvrait avec son père, Stanislas GOSCINNY, les comédies de Laurel et Hardy.
REX
THEATRE JACQUES HAIK
REX
REX
LAUREL & HARDY
AU FAR-WEST
Une production HAL-ROACH
Les longs-métrages des deux comiques étaient projetés dans les salles obscures parisiennes.
HAL ROACH STUDIOS
Present
STAN LAUREL
and
OLIVER HARDY
Les acteurs américains avaient eu, avant de se rencontrer, une carrière cinématographique individuelle, et leur binôme s'est constitué assez tardivement, vers 1926, alors qu'ils avaient la quarantaine...
Dès le début, ils se démarquent en inventant un genre nouveau de burlesque qu'on nommera « BUDDY MOVIE », mettant en scène deux héros aux antipodes.

Ce drôle de couple est l'incarnation de l'amitié et de la complicité improbables entre deux personnages.
LAUREL
HARDY
Tout oppose Stan Laurel et Oliver Hardy, aussi bien physiquement que psychologiquement...
Hardy, par sa corpulence et son autorité, apparaît comme le chef des opérations.

Mais il est aussi la victime des maladresses répé-tées de son coéquipier, le naïf et chétif Laurel.
Déjà célèbre durant l'ère du cinéma muet, le duo réussit brillamment le passage au cinéma parlant.
Est-ce que vous croyez au Père Noël?
Hi! Hi!
Alliant l'humour du langage à l'art de la pantomime, Laurel et Hardy rencontrent un succès mondial.

Une carrière de 25 ans ensemble et plus d'une centaine de films !
Leur jeu d'acteur est extrêmement expressif ! Et quand ils parlent, contrairement aux comiques bavards, ils se distinguent par des dialogues simples et loufoques.
Ils sont restés le tandem le plus célèbre du cinéma !
Ils ont fasciné mon père !
Stanley, tu ne m'avais pas dit que tu nous avais mis dans un beau pétrin !
Tu ne me l'as pas demandé, Ollie !
MES MAÎTRES À PENSER SONT PLUTÔT LAUREL ET HARDY QUE KANT ET SPINOZA !
Astérix et Obélix ont une parenté avec Laurel et Hardy, non ?
Oui, le petit et le gros rigolos !
LE TRAVAIL EN DUO !
...Avec des chamailleries puis des fous rires, rien de mieux !
Mais toi, quel lien fais-tu avec tes BD ?!
Suivant les jours et les caractères, je suis dans la peau de Laurel ou celle de Hardy !

Aujourd'hui, c'est avec Moi que tu fais des livres!
Et quand on était petites, on regardait toutes les deux Laurel et Hardy à la télé... dans l'émission de Pierre Tchernia, qui était l'ami intime de mon père et coauteur de plusieurs films!
CINÉ-PARADE
Dans cette rubrique, nous nous efforcerons de nous rappeler au souvenir de quelques comiques que nous aimons beaucoup... aujourd'hui: Laurel et Hardy!
Tu te souviens de ce génial générique chanté?
Ah oui! Avec cet accent anglais à couper au couteau!
Ça venait des premiers doublages que les acteurs faisaient eux-mêmes sans connaître le français.
C'est moi Laurel C'est toi Hardy...
C'est toi le gros et moi le petit!
Quand un y va, l'autre le suit...
Laurel & Hardy
Cartoon
Toujours ensemble, toujours unis
C'est toi Laurel C'est moi Hardy
Et nous sommes de bons amis!
HA! HA! HA!
WAF!

PAPILLON COMMUN
CALCUL DU PRIX
EN COURS ...

ÉCOLOGIE
NATURE À TOUT PRIX
CATHERINE LE GALL
BENJAMIN ADAM

Nous sommes en l'an 2017 et les hommes spéculent sur l'extinction d'une mouche. On imagine ces mots tirés d'un roman d'anticipation dont la lecture aurait pétrifié nos grands-parents. Prononcée aujourd'hui, la phrase est... factuelle. Depuis 1970, la moitié des animaux sauvages a disparu. À chaque crise ses opportunités et ses opportunistes. En Californie, une mouche donc, une espèce très rare menacée d'extinction, a rapporté quelque 20 millions de dollars à la banque qui a eu l'idée de faire de la sauvegarde de l'insecte un produit financier. Ainsi, à mesure que des espèces disparaissent, de nouvelles expressions naissent : « capital naturel », « portefeuille d'espèces en voie d'extinction », « place financière des écosystèmes », « marché de la biodiversité », « crédit carbone », « bio-banque »... Peu à peu, le champ lexical des naturalistes se mêle à celui des banquiers. L'essor de ce vocabulaire hybride trahit une nouvelle vision de l'environnement : une nature-entreprise où les abeilles ne se contentent plus de butiner mais produisent des « services écosystémiques » bientôt cotés en Bourse.

Pompiers pyromanes

Mais, après tout, puisque les États échouent depuis des décennies à préserver ce qu'il reste de biodiversité, pourquoi ne pas s'en remettre aux acteurs financiers ? « Nous perdons la nature parce qu'elle est gratuite », diagnostiquent les adeptes de la financiarisation du vivant. Leur thèse est la suivante : si l'on donne un prix à la nature, alors elle devient « visible » aux yeux des marchés. Ainsi, sa protection crée de la valeur, et sa destruction a un coût. Entre les deux, un mécanisme est censé garantir un équilibre gagnant-gagnant : la compensation. Détruire ici, mais restaurer là-bas. En France, le principe est gravé dans la loi depuis 1976 mais ne devrait être mis en œuvre qu'en tout dernier recours. Ces dernières années, il connaît un succès florissant.

Le climat est propice. Avec la bénédiction d'Emmanuel Macron, Paris n'espère-t-il pas devenir la « capitale de la finance verte » ? Déjà des voix tempèrent cet enthousiasme, rappelant l'efficacité toute relative d'un mécanisme équivalent, le marché carbone. Lui aussi devait stabiliser les émissions de gaz à effet de serre en leur donnant un prix. Depuis sa création, en 2005, les niveaux de CO_2 dans l'atmosphère n'ont jamais cessé de grimper... « Les cyniques connaissent le prix de tout et la valeur de rien », disait Oscar Wilde. Chez les écologistes, beaucoup voient dans la compensation un « droit à détruire » et « une marchandisation de la biodiversité » gérée par les responsables mêmes de sa destruction. Pompiers pyromanes ou sauveurs pragmatiques ? Pour mieux cerner ce sujet économico-philosophico-écologique, Catherine Le Gall et Benjamin Adam ont ausculté la mise à prix de l'environnement.

1. Chiffre tiré du Registre public des espèces en péril, Canada (2011). 2. World Conservation Monitoring Centre.

1. Renommée depuis Site naturel de compensation. 2. Définition Larousse 2017.

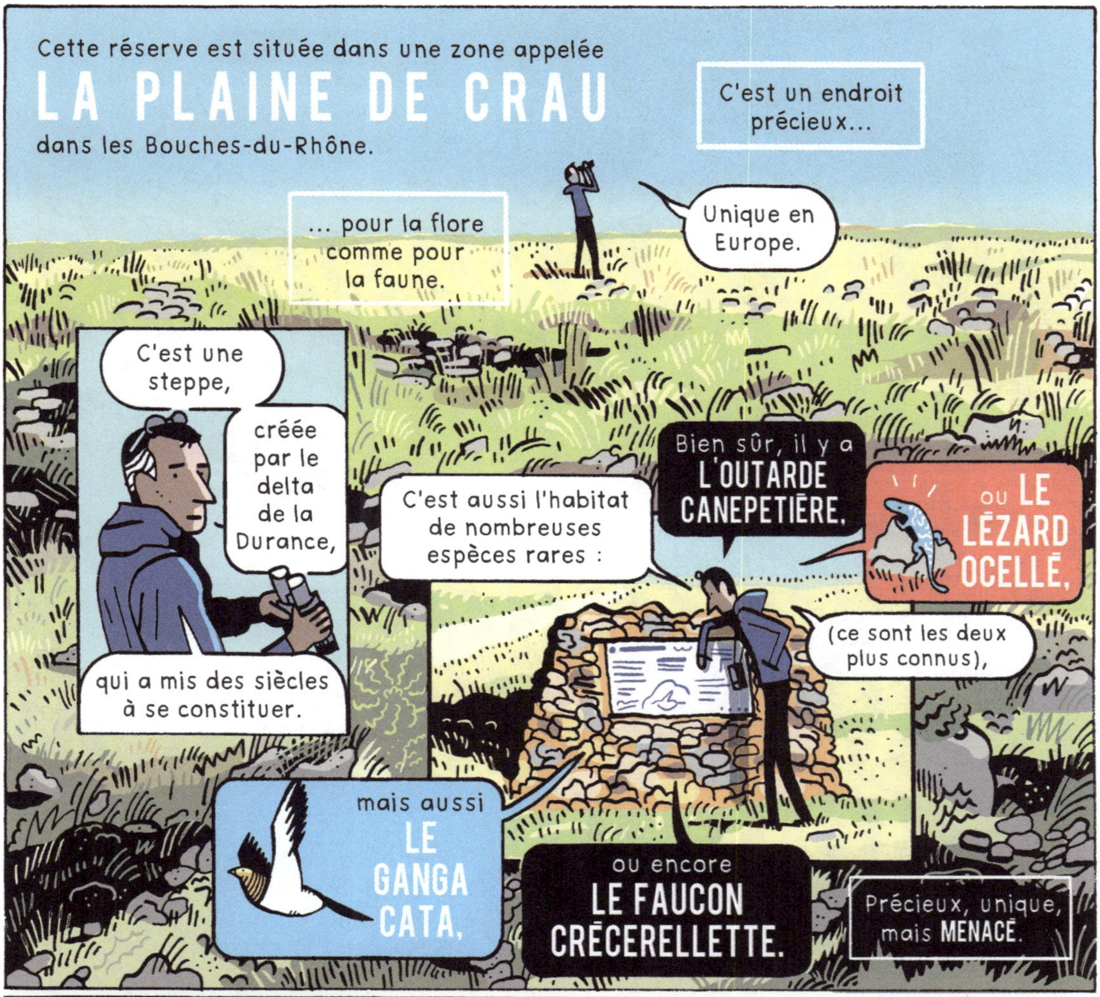
Cette réserve est située dans une zone appelée
LA PLAINE DE CRAU
dans les Bouches-du-Rhône.
C'est un endroit précieux...
... pour la flore comme pour la faune.
Unique en Europe.
C'est une steppe,
créée par le delta de la Durance,
qui a mis des siècles à se constituer.
C'est aussi l'habitat de nombreuses espèces rares :
Bien sûr, il y a L'OUTARDE CANEPETIÈRE,
ou LE LÉZARD OCELLÉ,
(ce sont les deux plus connus),
mais aussi LE GANGA CATA,
ou encore LE FAUCON CRÉCERELLETTE.
Précieux, unique, mais MENACÉ.

Menacé car, au grand dam des outardes et autres faucons crécerellettes,
qui ont déjà vu leur habitat se réduire de 75% ces derniers siècles,
ce territoire a un autre atout,
BUSINESS AWARDS
SUPER TOP PREMIUM
BUSINESS AWARDS
très adapté, celui-ci, au monde dans lequel nous vivons.
La plaine de Crau est située en plein cœur d'un carrefour
d'échanges commerciaux parmi les plus importants de France.

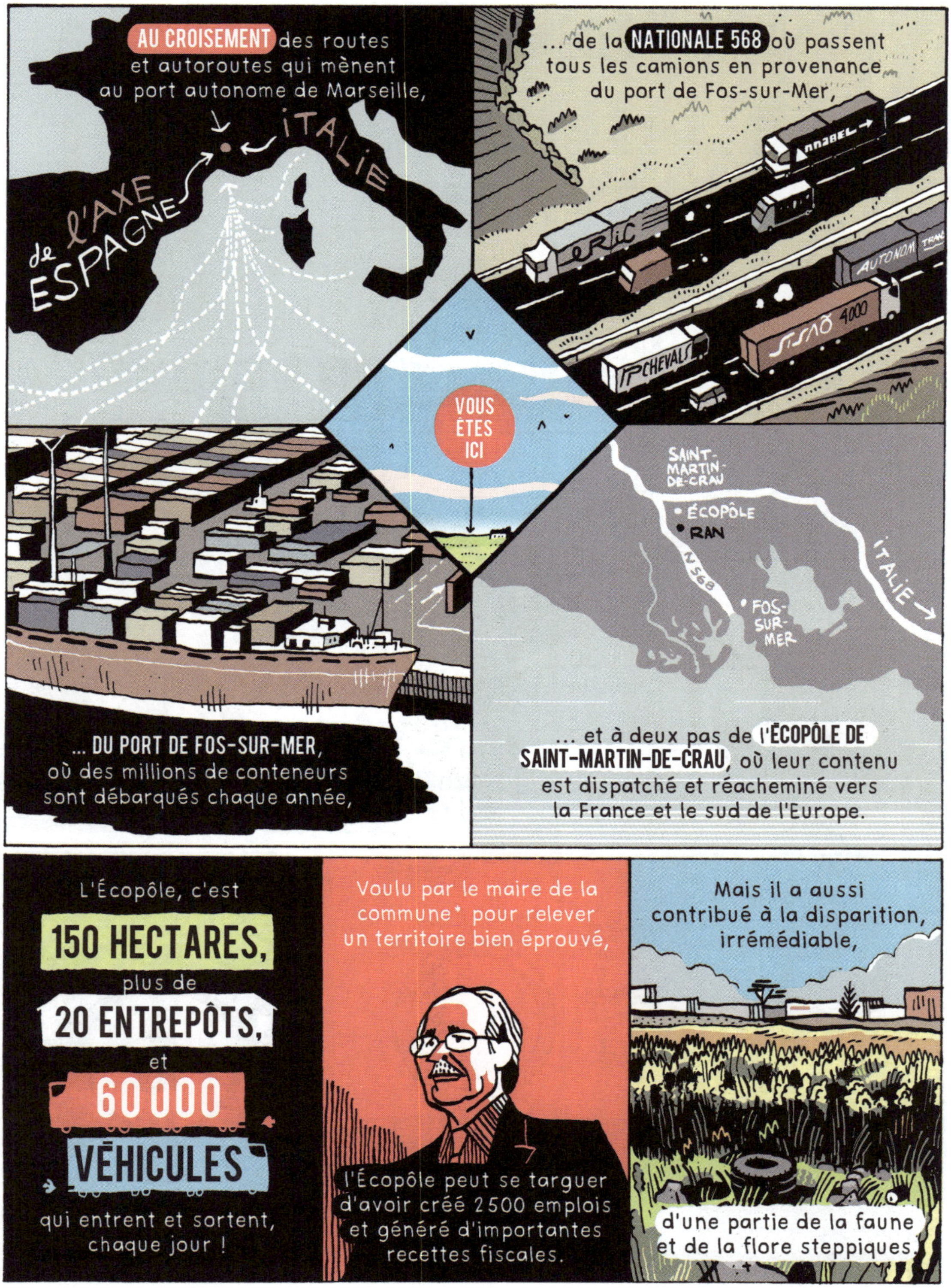

* Claude Vulpian, maire de Saint-Martin-de-Crau, de 1977 à 2016.

*Triptyque renforcé en 2012, après le Grenelle de l'environnement.

LA RÉSERVE D'ACTIFS NATURELS DE COSSURE,
dans la plaine de Crau,
est pour l'instant l'unique bio-banque de France.
Ici, les entreprises peuvent acheter des parcelles de terrain en cours de réhabilitation,
357 HECTARES
357 PARCELLES
pour COMPENSER les destructions opérées dans des zones aux éco-systèmes similaires, comme par exemple la zone de l'Écopôle.
Il a beaucoup été reproché à la loi de 1976, et à E-R-C,
D'EMPÊCHER les ENTREPRISES de s'installer
OÙ
elles pensent faire du profit,
privant la collectivité de croissance, d'emplois et de recettes fiscales...
... indispensables à sa vitalité économique.
Le principe des bio-banques se veut plus simple et plus efficace :
il promet de concilier protection de la nature et création de richesses.
Cela peut paraître positif et représenter un vrai progrès :
AVANT,
QUOI ?!
les entreprises qui polluaient ne payaient rien.
MAINTENANT,
elles sont tenues de compenser les dommages qu'elles engendrent.
POUR LES DÉTRACTEURS,
le mécanisme est biaisé :
rien ne se compense,
LA NATURE DÉTRUITE
EST DÉTRUITE.

Par ailleurs, la nécessité de chiffrer dommages comme compensations,
ENTRER LE NOM DE L'ACTIF
PRIX €
qui pousse à donner une valeur monétaire à la nature, pose question.
Une partie de la nature mériterait-elle d'être plus préservée qu'une autre ?
Entrez la note /5
Enfin, ils dénoncent une logique incitative :
si les entreprises peuvent polluer et détruire en toute bonne conscience,
JE DÉFONCE LA TERRE MAIS JE L'AIME
pourquoi diable s'empêcheraient-elles
TOUT DE SUITE!
LA CARICATURE!
Arrêtez, La Revue Dessinée, de vouloir DIVISER les gens, comme ça!
toute bonne conscience,
"je défonce la terre mais je l'aime", NON!
TOUJOURS dans l'ironie, dans le dénigrement!
La survie de notre planète, ça dépasse les clivages, enfin!
Bien sûr,
le mieux, ce serait de ne pas du tout détruire la nature,
Mais en attendant,
nous avons besoin de toutes les bonnes volontés!
Si on peut encourager la croissance TOUT en protégeant l'environnement,
il faut le faire, non?
Les grands patrons sont aussi des hommes et des femmes,
Nous aussi on aime la planète!
ils n'ont aucun intérêt à détruire la Terre, vous ne croyez pas ?
Et, puis, entre nous,
s'ils s'y retrouvent,
blink
la Terre se portera mieux!
Tout le monde sera gagnant, pas vrai ?

*WBCSD pour World Business Council for Sustainable Development, source : *Prédation*, C. Bonneuil et S. Feydel.

La compensation, c'est une opportunité inouïe d'en finir enfin avec
LA GUERRE ÉCOLOGIE VS CROISSANCE
dont nous serions tous sortis perdants !
c'est ce que disent tous les traités internationaux depuis Rio, en 1992.
KYOTO PROTOCOL
RIO+20
ce n'est pas un hasard :
à chaque sommet, on souligne un peu plus l'importance du secteur privé !
ENVIRONMENT AND DEVEL
Rio de Janeiro 3-14
Il faut prendre l'argent là où il est, enfin, c'est fini, l'idéologie !
Même les Nations unies, ont chargé, en 2000, plus d'un millier de scientifiques...
UNITED NATIONS
de classifier les services rendus par la nature pour mieux la protéger !
À moins que TOUS soient des valets des chefs d'entreprise,
DANS ET HORS les GOUVERNEMENTS, NATIONAUX ET INTERNATIONAUX,
si cette idée a autant prospéré, à tous les niveaux,
BEST-SELLER
c'est bien qu'elle fait un peu avancer les choses, non ?
Si, probablement...
AH !
... mais c'est loin d'être aussi idyllique.
CHRISTOPHE BONNEUIL, CHERCHEUR, ET SANDRINE FEYDEL, JOURNALISTE, ont publié, en 2015,
PRÉDATION
Nature, le nouvel eldorado de la finance.
PRÉDATION
Ils y décryptent les origines et les mécanismes de la compensation.

*En français, *Printemps silencieux*, 1962. Ce livre s'intéresse particulièrement aux effets néfastes des pesticides sur l'éco système.

* Organisation mondiale du commerce.

« L'ENVIRONMENTAL BACKLASH »

est une offensive sans précédent, d'un bout à l'autre des États-Unis, sur quatre tableaux :

JURIDIQUE

De grandes entreprises s'entourent d'avocats pour porter les principales mesures environnementales devant la justice ; et se fédèrent en 1975 en créant le **NATIONAL LEGAL CENTER**.

POLITIQUE

Elles financent des think-tanks, comme **L'HERITAGE FOUNDATION**, pour influencer les responsables politiques et ainsi **ÉTRANGLER LE MOUVEMENT ENVIRONNEMENTAL**.

SCIENTIFIQUE

Comme l'industrie du tabac avant elles, elles font publier des rapports pour instiller le doute, et ultimement nier **LES EFFETS NÉFASTES** de leur activité sur l'environnement.

ÉCONOMIQUE

Elles poussent à imposer l'évaluation en **RAPPORT COÛTS-BÉNÉFICES** des dégâts causés à la nature, consolidant ainsi l'opposition entre **CROISSANCE ET ÉCOLOGIE**.

1. *There's No Such Thing as a Free Lunch,* M. Friedman, 1975. 2. A. M. Freeman, R. H. Haveman & A. V. Kneese, chez John Wiley & Sons.

...ça va, ça va !
On a compris :
ils veulent gagner de l'argent, bon !
On ne va pas reprocher au chat de miauler, non plus, hein ?
AUCUNE VALEUR.
$0,00
Et puis, c'est des vieilles histoires !
À un moment,
la seule question, c'est :
VRRRR
est-ce que ça marche ?
Venez !
Un ami m'a justement prêté un hélicoptère !
Revenons à la
RÉSERVE D'ACTIFS NATURELS
BÊÊÊÊH
BÊÊÊH
Il y a neuf ans, la RAN ressemblait à ça :
des arbres fruitiers.
C'était un verger intensif.
Il a fait faillite. Depuis, il est abandonné.
Ça a bien changé, hein ?

Les acteurs locaux voulaient réhabiliter le terrain, et CDC BIODIVERSITÉ en cherchait un pour expérimenter une offre de compensation.
MICHEL OBERLINKELS
CDC BIODIVERSITÉ
La CDC, Caisse des dépôts et consignations, est le bras financier de l'État français.
cdc biodiversité
l'une de ses filiales, privée, est à l'origine de la Réserve d'actifs naturels.
À partir de 2008, après avoir étudié la faune et la flore,
D32
nous avons entamé la réhabilitation du terrain.
D'abord, couper et détruire le système racinaire de plus de 300 000 arbres,
COUSSOULS DE C
... pour se rapprocher au mieux du milieu de référence, LE COUSSOUL DE CRAU.
Le terrain, qui avait été exploité et traité pendant des années, avait beaucoup changé :
Des scientifiques ont expérimenté, sur un tiers de la surface, différentes techniques pour le restaurer,
comme le transfert de sol.
Ils ont DÉPLACÉ LE SOL d'une carrière alentour
pour IMPLANTER plantes, micro-organismes et champignons.
Bien sûr, nous n'avons pas la prétention de recréer l'écosystème de référence à l'identique :
il a mis plus de 4 000 ans à se construire !
On cherche à recréer un habitat favorable aux espèces protégées des pelouses méditerranéennes et du coussoul,
pour qu'elles reviennent vivre et se reproduire ici.
Du coup, sur les deux autres tiers du site,
nous avons laissé la végétation se reconstituer.
On va aller voir la bergerie.

Parce que, oui, nous avons aussi favorisé l'implantation d'une activité pastorale.
Traditionnellement, il y a des moutons dans la plaine de Crau.
Ils contribuent à ce que l'herbe reste rase.
et puis, ça crée des emplois.
Nous avons deux troupeaux de 900 bêtes, gardés par des bergers.
Là !
BÊÊÊÊ
BÊÊÊÊ
Ils arrivent.
Quelque chose a dû les effrayer.
Pour savoir si les objectifs de la RAN sont atteints, CDC Biodiversité,
entourée de ses partenaires institutionnels,
Direction régionale de l'Environnement, de l'Aménagement et du Logement
AGRICULTURES & TERRITOIRES CHAMBRE D'AGRICULTURE BOUCHES-DU-RHÔNE
Conservatoire d'espaces naturels Provence-Alpes-Côte d'Azur
a un indicateur simple, (et qui n'a rien à voir avec les moutons) :
LE RETOUR DES ESPÈCES PROTÉGÉES.
Après neuf ans d'existence de la RAN, Michel Oberlinkels est satisfait.
On a pu voir plus de 50 outardes canepetières sur le site,
deux ou trois individus de ganga cata...
Certaines espèces recolonisent moins vite le site.
Nous avons reconstitué l'habitat des lézards ocellés,
en utilisant des gaines plastique recouvertes de sable et de galets !
Tous les ans, on a plusieurs naissances.
Là ! Regardez !

Avant la RAN, c'était simple :
pour toutes ces espèces,
le nombre d'individus, c'était zéro.
Alors ?
C'est pas mal, quand même ?
La nature regagne du terrain,
et c'est financé par les entreprises, qui, elles,
font du commerce !
Tout le monde est séduit, je vous dis !
LE GROUPE
CARNIVOR
CHANTIER INTERDIT AU PUBLIC
est une chaîne de distribution de viande, qui a élargi ses activités à l'immobilier.
Ça peut être des bâtiments logistiques, des logements et des petites zones d'activités destinées à la vente.
En 2004, nous avons installé notre entrepôt ici,
dans la zone de l'Écopôle.
STÉPHANE DOL CARNIVOR, SERVICE IMMOBILIER
Pour construire sur ce terrain abritant des espèces protégées,
le groupe Carnivor a donc dû
COMPENSER SON IMPACT
Il a fait appel à la Réserve d'actifs naturels de Cossure et... n'est pas si séduit que ça.

Je dirais plutôt que c'est un processus long, complexe, et bien trop cher.
On commence par demander
1 UNE AUTORISATION D'EXPLOITATION
à la préfecture.
REPUBLIQUE FRANCAISE
406D
Une fois que c'est bon,
il faut faire réaliser
2 UNE ÉTUDE D'IMPACT
du projet sur la faune et la flore.
AUTOMNE
HIVER
PRINTEMPS
ÉTÉ
C'est un bureau d'études qui fait un diagnostic sur quatre saisons.
Nous avons eu recours à Naturalia,
Ils sont spécialisés dans ce genre de problématique.
Au terme de l'étude, qui dure quatre saisons donc
– à ce stade, ça fait un an, et on n'a toujours pas posé la première pierre ! –,
Naturalia nous propose des solutions de compensation à soumettre à la DREAL.
Direction régionale de l'Environnement, de l'Aménagement et du Logement
C'est l'organisme qui veille à l'application des politiques de l'État en région.
(Le terrain ayant déjà été acheté, les deux autres solutions :
E
R
... n'ont pas été envisagées.)
... Une fois l'étude validée par la DREAL,
on a dû aller à la Défense, à Paris, avec eux et le bureau d'études,
3 SOUTENIR LE DOSSIER
auprès du Conseil national de protection de la nature (CNPN).
NATURALIA
DREAL
Il a été accepté, et là, seulement là,
on nous a laissé le choix entre deux systèmes de compensation :
par la demande ou par l'offre.

LES
DEUX
COMPENSATIONS
Une entreprise veut construire dans une zone protégée.
LÀ.
L'évitement et la réduction ont été écartés :
Je dois construire ici.
Je crée de l'emploi !
Il lui faut donc compenser son impact écologique.
Deux possibilités s'offrent à elle :
1 COMPENSER PAR LA DEMANDE
JE PEUX COMPENSER ?
2 COMPENSER PAR L'OFFRE
TU VEUX COMPENSER ?
1 COMPENSER PAR LA DEMANDE
L'entreprise, via son bureau d'études, doit chercher un site similaire à celui détruit,
Ce que j'ai en «steppe semi-aride» ?
Ça va être vite vu !
IMMO'PRO
(pour peu qu'il existe).
Cela fait, elle missionnera
À SE$ FRAIS
un organisme pour qu'il le restaure,
OUTARDES WELCOME
afin de favoriser le retour et la croissance des espèces chassées.
C'est risqué et compliqué,
Allez, au boulot maintenant...
humainement comme financièrement.
2 COMPENSER PAR L'OFFRE
c'est le contraire.
En amont, un tiers réhabilite des terrains pour recréer des habitats naturels.
Le coût de l'opération est divisé en unités de compensation,
que l'entreprise achète pour compenser les dégâts qu'elle a causés ailleurs.
C'est toujours coûteux, bien entendu,
Attendez, attendez.
Redites-moi le prix à l'unité, et combien je dois en prendre ??
mais c'est bien plus simple que la compensation par la demande.

Pourtant, ça a été très contraignant.
Sur les
38
HECTARES
de notre projet,
7 À 8 HECTARES
étaient «impactés» :
c'est-à-dire qu'ils abritaient des lézards ocellés.
Nous avons dû clôturer cette zone pour que les lézards ne s'enfuient pas,
arracher les arbres, et enlever les troncs à la main pour qu'ils ne roulent pas.
Bien sûr, pas question d'y amener des engins,
même un tronc qui roule, ça aurait menacé l'habitat du lézard !
Pour finir, on a fait venir un spécialiste, à nos frais,
qui a capturé les lézards à la main,
plaque de métal
avant de les relâcher dans la RAN.
Ça a été très coûteux :
1,3 MILLION
de mesures compensatoires
+ 400 000 €
pour l'étude d'impact, la capture des lézards, la clôture, etc.
1,7 MILLION
d'euros au total.
Et encore, le groupe a négocié avec la DREAL :
1 UN HECTARE DÉTRUIT
a été compensé par
1 UN HECTARE D'ACTIFS NATURELS.
On nous a reproché ce ratio, considéré comme trop bas,
mais si nous avions dû compenser deux hectares pour un hectare détruit,
ça aurait menacé la rentabilité de toute l'opération.
Ah !
Et
vous savez combien de lézards notre spécialiste a trouvés ?

Cinq.
Je vous laisse calculer le prix par lézard...
Je ne dis pas que ce n'est pas légitime sur le fond, hein !
Mais sur le processus, moi, je ne suis plus.
Si on compte les taxes, avant même que la construction soit lancée, ça nous a coûté près de
QUATRE MILLIONS.
C'est difficilement tenable pour une entreprise.
Il ne faudrait pas oublier que c'est grâce à nous,
et à tous ceux qui, comme nous,
ont acheté des unités de compensation sur la RAN,
que le territoire a pu être sauvé.
Si, en plus, les écolos nous attaquent...
C'est trop.
L'avenir n'est plus ici.
Une action en justice a effectivement été menée, mais pas contre Carnivor,
contre un autre entrepôt installé dans la zone, dédié aux magasins Castorama.
C'est la plus grande plate-forme logistique de France.
Son arrêté d'exploitation, la toute première étape du processus de construction,
a été attaqué au tribunal par des associations d'opposants,
et annulé.

*Herpétologue : spécialiste des reptiles et des amphibiens. Mammologiste : spécialiste de l'étude des mammifères.

Le combat de Nacicca, le voilà : ils luttent
CONTRE
les ATTEINTES iRRÉVERSIBLES
à la
BIODIVERSITÉ.
Ils en ont identifié les causes principales,
Les aménagements lourds :
infrastructures, industries, urbanisation.
et préconisent une méthode loin d'être extrémiste :
faire respecter la loi.
Nous voulons recentrer le débat sur la loi de 1976,
et sa fameuse séquence ERC.
ÉVITER, RÉDUIRE, COMPENSER.
E
R
C
1
2
3
1
2
3
Pour eux, le processus de compensation en lui-même est révélateur :
L'expérience montre que,
dès l'étude d'impact,
les dés sont pipés.
Pour respecter la séquence ERC,
les études d'impact devraient,
avant tout,
expliquer pourquoi le projet ne peut pas être évité ou réduit.
En pratique, seules deux ou trois pages y sont consacrées,
tandis qu'une centaine, ensuite, détaille les mesures compensatoires !

Les DREAL, qui valident les études, devraient le relever, le signaler, les faire refaire :
mais non.
Elles sont, au contraire, très sensibles à la compensation.
Pour nous, c'est vraiment problématique :
ça laisse le champ libre à la compensation qui, en soi, a de nombreux défauts.
On arrive.
RÉSERVE NATURELLE DES COUSSOULS DE CRAU
Voilà :
ça, c'est du coussoul.
Aaah
KRR
C'est ça qu'ils détruisent pour mettre leurs entrepôts,
et ça qu'ils essaient de reconstituer à la RAN.
Ça a l'air simple, un peu pelé,
mais rien n'est là par hasard !
Les galets, par exemple.
Dans un endroit comme ici,
où toute la vie se passe au ras du sol,
l'étendue du rôle que des galets peuvent jouer, pour la faune comme la flore,
est simplement inestimable.
Au sens premier :
la science ne sait pas reconstituer cet écosystème, c'est trop complexe.

C'est une des raisons qui font que pour nous
– et pour beaucoup d'autres, hein ! –
la compensation n'est pas une solution :
elle présente des défauts fondamentaux, à tous les niveaux,
et notamment, dans le cadre de la RAN de Cossure.
1
Le premier défaut, c'est
L'ÉCHELLE DE TEMPS.
La nature subit des impacts irréversibles...
qu'on espère compenser par des mesures qui, quelles que soient leurs qualités,
30 ANS
n'engagent dans un premier temps que sur trente ans !
Et après ? Une fois ces obligations légales dépassées,
que va devenir la zone d'actifs naturels ?
2
Le deuxième défaut, c'est
LE FLOU SCIENTIFIQUE.
Nous ne savons pas évaluer les dégâts causés par une opération d'aménagement.
Nous n'avons encore ni les moyens scientifiques
STOP
ÉTUDE D'IMPACT EN COURS
ni les moyens techniques
pour faire un état des lieux fiable des espèces en présence,
Hé hé
ou de leur interconnexion avec leur environnement.
Dans ce cas, comment être sûr qu'un hectare détruit
peut être compensé par un hectare réhabilité ?
Dans le doute, il conviendrait de compenser plus :
pour un hectare détruit, on pourrait en réhabiliter deux, trois, ou quatre ?
Le plus souvent, le ratio retenu est d'un pour un :
évidemment, ce n'est pas suffisant.

3
Le troisième, c'est
LES INDICATEURS D'ÉQUIVALENCE ÉCOLOGIQUE.
PERDU
GAGNÉ
Là encore, la CDC a choisi la facilité.
Ils ont désigné l'outarde canepetière espèce parapluie.
?
Selon cette notion, que nous contestons,
son retour sur un site signifierait que d'autres espèces, plus rares, vont la suivre.
Cette espèce suffirait donc, à elle seule,
GAGNÉ
à affirmer que la biodiversité est en train de se reconstruire.
Cette espèce est l'une des plus simples à faire revenir,
et moi ?
et moi ?
en faire un objectif est un petit peu une solution de facilité.
Que deviennent les autres espèces,
qui, elles, reviennent moins facilement ?
4
Le quatrième défaut est plus une question sur
L'INDÉPENDANCE DES BUREAUX D'ÉTUDES.
Alors que leur rôle est central, ils bénéficient d'une très grande latitude.
Comment mesurent-ils la faune et la flore en présence ?
FAITES nous CONFIANCE
Comment calculent-ils les mesures compensatoires ?
Comment être sûr qu'elles sont suffisantes,
alors qu'ils subissent la pression de leurs clients pour payer le moins possible ?
On a dans nos rangs une ancienne employée de ces bureaux d'études.
Ce qu'elle nous en dit justifie tous nos doutes.

*Pour ce témoignage, notre interlocutrice a préféré garder l'anonymat.

* AgroParisTech : l'Institut des sciences et industries du vivant et de l'environnement.

1. Mission régionale d'autorité environnementale. 2. Office national des forêts.

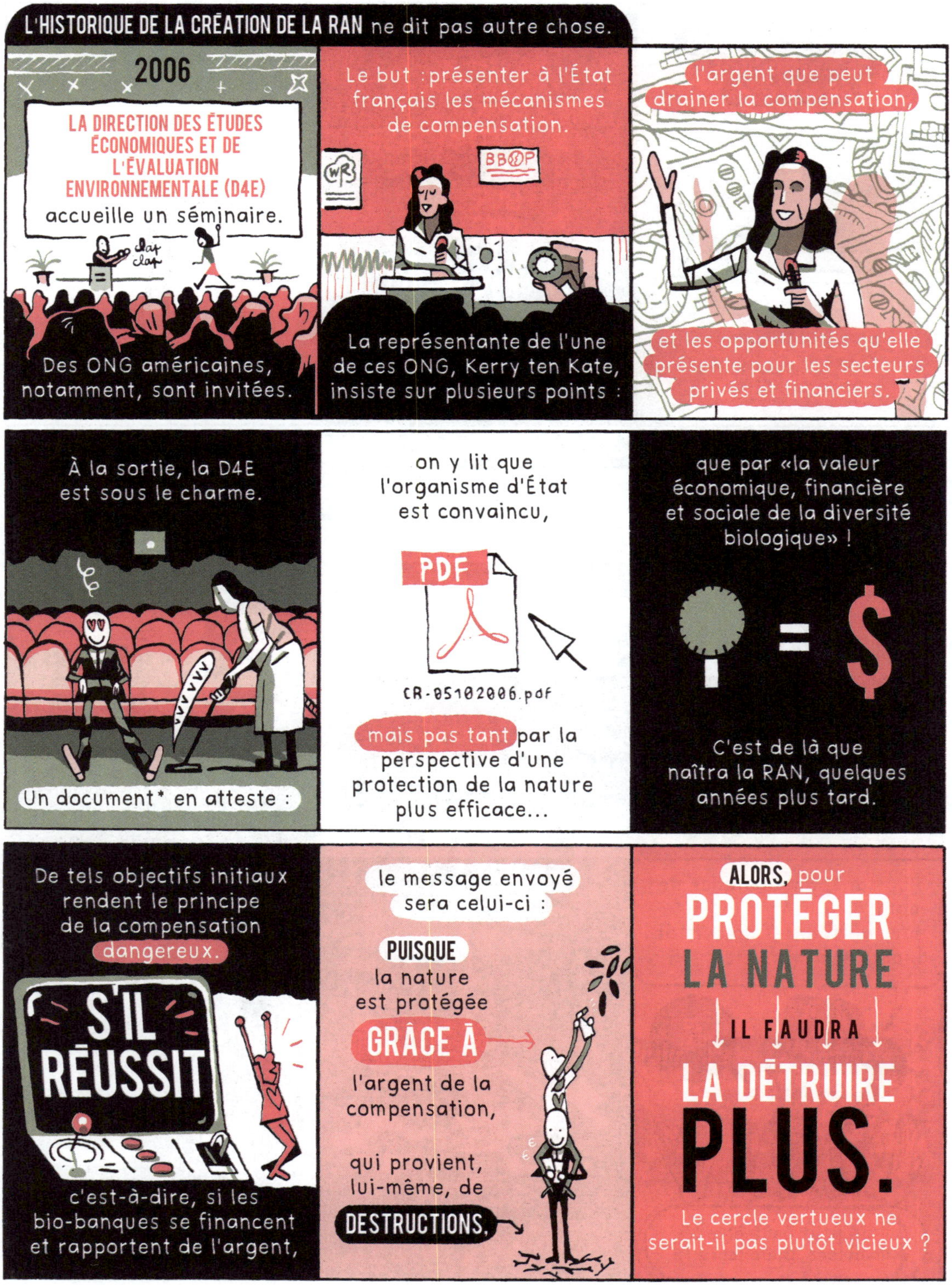

* Compte rendu de séminaire sur les mécanismes de compensation, le 5 octobre 2016, à l'intention du directeur de la D4E.

*Dont, notons-le, 500 P-DG de multinationales.

* *Nature à vendre*, paru aux éditions Quae.

Selon cette vision, la nature a été créée pour satisfaire les besoins humains.
BIODIV 2000
clic BONNE DÉGUSTATION clic
L'engouement des politiques et du monde des affaires est logique :
pouvoir se permettre de réduire la planète qui nous fait vivre à :
UN NOUVEAU PRODUIT D'ÉCHANGE QUI PERMET DE CRÉER DE LA VALEUR !
Impossible d'être plus compatible avec l'idéologie globalisante et néolibérale !
Le concept de compensation est aussi très révélateur :
il dit toute l'arrogance anthropocentriste de l'homme.
Penser qu'on peut restaurer à l'identique ce qu'on a détruit ...
Quelle prétention !
Et pourtant,
C'EST MIEUX QUE RIEN
malgré tous ces effroyables bémols,
SCIENTIFIQUES
CONCEPTUELS
ÉCONOMIQUES
PHILOSOPHIQUES
LÉGISLATIFS
ÉTHIQUES
la compensation, particulièrement sous sa forme bio-banque,
continue son ascension fulgurante.
CLAP CLAP CLAP CLAP CLAP CLAP CLAP CLAP CLAP CLAP CLAP CLAP CLAP CLAP CLAP CLAP
La loi sur la biodiversité de l'été 2016, on l'a vu,
est la plus importante dans ce domaine depuis 1976 :
EN PLUS DE CONSACRER LES MÉCANISMES DE COMPENSATION,
CLAP CLAP
elle pose le cadre pour la création de bio-banques du type de la RAN.

* *The Handmaid's Tale,* 2017, série créée par Bruce Miller, d'après Margaret Atwood.

L'Europe ne parvient toujours pas à limiter leur présence...
... les industriels, de leur côté, affirment respecter à la lettre la réglementation...
alors ils se propagent.
Sur ces sujets comme sur tant d'autres,
... ils demandent un délai pour adapter leurs produits,
et ainsi rester compétitifs...
les intérêts particuliers, sur le court terme,
priment sur notre intérêt à tous,
sur le long terme.
La compensation est une fantastique solution de facilité :
elle permet de ne rien changer à l'ordre actuel des choses,
et de fermer les yeux, en toute bonne conscience,
sur les dégâts que cause notre mode de vie à l'environnement.
Combien de temps encore va-t-on continuer comme ça ?
En a-t-on le droit ?
Là !
Regardez !
Un milan royal !
Vous l'avez vu ?

un remède pire que le mal

Un moindre mal, la compensation? L'argument revient inlassablement dans la bouche de ses défenseurs. Sauf que ce principe s'applique parfois à grands coups d'expulsions et d'accaparements de terres. Lorsque les entreprises du Nord tentent de se racheter, les populations du Sud le payent.

© JUTTA KILL

À Madagascar, le projet de compensation de l'entreprise minière Rio Tinto interdit désormais l'accès aux champs.

Les arbres menacent-ils l'espace vital des hommes ? Cette question, au premier abord incongrue, se fait de plus en plus pressante dans les pays du Sud... Une sorte d'effet « boomerang » lié aux mécanismes de compensation adoptés pour atteindre une économie décarbonée. L'accord de Paris, texte historique sur le climat, va dans ce sens, en fixant un bilan carbone neutre au niveau mondial «*dans les plus brefs délais*» et en favorisant le développement «*des puits de gaz à effet de serre*». Parmi ceux-ci, les arbres, grands stockeurs naturels de CO_2, rencontrent un vif succès auprès des entreprises qui en plantent par milliers dans les pays du Sud. De loin, ce geste peut donner bonne conscience au consommateur occidental. De près, les effets en sont destructeurs pour les populations locales.

Re-forestation désastreuse

Deux exemples sont cités dans le livre *Prédation. Nature, le nouvel eldorado de la finance*, de Sandrine Feydel et Christophe

Bonneuil. Le premier concerne l'entreprise Vale, deuxième plus grosse entreprise minière du monde. Elle a déjà planté 50 000 hectares d'eucalyptus au Brésil et prévoit d'en planter trois fois plus dans les années à venir. Problème : la culture intensive de l'eucalyptus, qui provient d'Australie, appauvrit les sols et menace la biodiversité. Second exemple, l'Ouganda est le théâtre d'une re-forestation tout aussi désastreuse : une entreprise allemande, Global Woods, plante des pins dans la réserve naturelle de Kikonda, privant les populations locales de terres pour leurs cultures et de pâturage pour leurs troupeaux.

Accaparement des terres

Le Mouvement mondial pour les forêts tropicales, structure activiste fondée en 1986 pour lutter contre le déboisement et l'accaparement des terres, dénonce ce phénomène depuis des années. À ses yeux, le développement des forêts industrielles, qu'elles soient à des fins compensatoires ou d'exploitation – pour la fabrication de la cellulose notamment – se fait au détriment de communautés à la culture millénaire, auxquelles on dérobe les terres. À travers le rapport sur « La compensation de la biodiversité par Rio Tinto à Madagascar », cette organisation fait un zoom sur les agissements de la grande entreprise minière à Fort-Dauphin, site d'extraction d'ilménite. Elle y explique comment l'entreprise Rio Tinto accuse les populations locales d'être à l'origine de la destruction de la forêt et comment celle-ci se pose en championne de la protection de la biodiversité grâce à la plantation d'acacias et d'eucalyptus à proximité de sa mine... Interdisant formellement aux autochtones habitant dans un périmètre de 50 kilomètres de profiter de ces forêts. Comme une terrible conséquence du principe de compensation, les arbres grignotent, petit à petit, l'espace des hommes. Spoliant les peuples du Sud pour permettre à ceux du Nord de consommer sans entraves...

Les peuples du Sud sont spoliés pour permettre à ceux du Nord de consommer.

© FLICKR

La culture intensive d'eucalyptus appauvrit les sols.

Making-of

Après les emprunts toxiques (#5) et les partenariats public-privé (#11), ce binôme familier de *La Revue Dessinée* a débattu de l'opportunité de récidiver : *« Quand Catherine m'a parlé de la compensation écologique, j'ai d'abord répondu :* "N'est-ce pas un peu trop simple, un peu trop drôle pour La Revue ?" *Et puis, comme toujours, je lui ai fait confiance et j'ai bien fait : c'était encore moins drôle et plus compliqué qu'avant ! »* Benjamin Adam.

À lire

Prédation. Nature : le nouvel eldorado de la finance, **de Sandrine Feydel et Christophe Bonneuil. Un travail d'investigation inédit sur la manière dont la finance a accaparé la nature.** Éd. La Découverte (2015)

À voir

Nature, le nouvel eldorado de la finance, **de Sandrine Feydel et Denis Delestrac. Le film répond à la démonstration implacable du livre avec des témoignages de personnes convaincues des bienfaits de la compensation pour la nature et pour leurs porte-monnaie.** (2015)

QUAND LE SECTEUR PRIVÉ TENTE DE SE RACHETER

Accros au charbon, pro-gaz de schiste, géants de l'aérien... Qu'importe que leurs activités soient les plus émettrices de gaz à effet de serre, s'il faut sauver le climat, ils sont là ! En 2015 déjà, la COP 21 révélait des acteurs schizophrènes.

Doit-on laisser le financement des sommets contre la crise climatique aux mains de ceux qui la nourrissent ? Lors de la conférence de Paris, la question semblait tranchée. Du haut de ses 187 millions d'euros, le plus grand sommet jamais organisé en France avait besoin d'argent frais. Pour afficher leur soutien à l'événement, les entreprises ont participé aux dépenses. La main sur le porte-monnaie, les fleurons du CAC 40 juraient avoir pris la bonne direction. L'histoire récente leur a-t-elle donné raison ? Tour d'horizon des avancées et des contradictions.

LAURENT FABIUS - PRÉSIDENT DE LA COP 21

***« Le succès de la COP 21 dépend aussi des entreprises »*, clamait l'ancien ministre des Affaires étrangères, en mai 2015. Entouré, entre autres, de représentants de La Poste, de LVMH, des aéroports de Paris ou d'EDF, il affirmait avoir choisi des sponsors qui *« s'engagent véritablement pour le climat »* et dont *« l'activité est compatible avec un haut niveau d'exigence environnementale »*.**

AIR FRANCE - FRÉDÉRIC GAGEY (EX-PDG)

L'aviation pollue certes, mais Air France compense. Au point d'être épinglée, dès 2013, pour les effets néfastes de ses actions de re-forestation à Madagascar. Le principe néanmoins séduit. L'accord sur les émissions de l'aviation civile prévoit l'instauration d'un plafond dépassable... en cas de compensation !

SOURCES : BANK TRACK, OXFAM, ATTAC, SECRÉTARIAT GÉNÉRAL DE LA COP 21.

SUEZ ENVIRONNEMENT - JEAN-LOUIS CHAUSSADE

L'entreprise assurait une partie du traitement des déchets lors du sommet. Un geste de bonne volonté pour le climat ? Ce serait oublier que, la même année, Suez Environnement participait, aux côtés de Total et d'Engie, à la fondation du Centre hydrocarbures non conventionnels (CHNC), un organisme de promotion du gaz de schiste en France. Ce même gaz de schiste dont l'extraction émet du méthane, un gaz 23 fois plus puissant que le CO_2 en matière de réchauffement.

BNP PARIBAS - JEAN-LAURENT BONNAFÉ

Au moment de la COP 21, BNP Paribas était la première banque française à financer le charbon. Depuis, sous la pression d'ONG, elle s'est engagée à ne plus investir dans de nouvelles centrales thermiques au charbon. Mais, si la banque ne finance plus directement cette énergie, l'association Les Amis de la Terre note qu'elle n'a pas cessé d'aider certaines entreprises à lever des fonds pour ouvrir des mines.

RENAULT-NISSAN - CARLOS GHOSN

Avec ses 200 véhicules électriques mis à disposition pour transporter les VIP de la COP 21, Renault-Nissan s'était offert un moyen d'apparaître en allié du climat. Les tests de pollution réalisés à la suite du scandale Volkswagen l'ont rattrapé. Ils ont montré « un dépassement des normes » de ses véhicules diesel en matière de gaz à effet de serre.

ENGIE - GÉRARD MESTRALLET (EX-PDG)

En novembre 2016, ce sponsor de la COP 21 a fait preuve de bonne volonté en annonçant la fermeture de la très polluante centrale d'Hazelwood (Australie). Il affirme aujourd'hui se recentrer sur les énergies bas carbone. Mais, *« loin de mettre fin à ses activités climaticides, il cherche plutôt à s'en débarrasser en les revendant »,* souligne le réseau Oxfam.

AXA - HENRI DE CASTRIES (EX-PDG)

La compagnie d'assurance fait partie des petits financeurs de la COP 21. Elle fait en revanche figure de pionnière en matière de « cat bonds », des produits financiers indexés sur la probabilité qu'une catastrophe survienne.

À LIRE

Changer d'avenir. Ré-inventer le travail et le modèle économique, Les Économistes atterrés. Comme à leur habitude, les auteurs du collectif interrogent le modèle économique actuel en ce qu'il est, in fine, destructeur pour l'homme. Et proposent de nouvelles pistes pour financer la transition écologique.
Éd. Les Liens qui libèrent (2017)

ET AUSSI

Vers une société post-croissance, d'Isabelle Cassiers, Kevin Maréchal, Dominique Méda. Pourquoi est-il si difficile d'imaginer une société sans croissance ? Les neuf auteurs explorent les pistes qui permettent de concevoir un monde basé sur de nouveaux modes de pensée et de gouvernance...
Éd. de l'Aube (2017)

DESSIN : BENJAMIN ADÈS

DANS LA PLACE

La buvette des députés. Les jeux de pouvoir ne se satisfont pas des terrains officiels. Les intrigues se nouent loin des micros et hors des hémicycles. Poussons la porte d'une pièce emplie de messes basses et d'anecdotes.

PATRICK ROGER — VINCENT MAHÉ

L'ÉPHÉMÈRE PRÉSIDENT DU CONSEIL DE 1940, PAUL REYNAUD, FUT ÉLU DÉPUTÉ EN 1946 ET SIÉGEA À L'ASSEMBLÉE NATIONALE JUSQU'EN 1962. UN JOUR, IL CROISE DANS LES COULOIRS UN GEORGES BIDAULT UN PEU ÉCHAUFFÉ QUI L'INTERPELLE EN TOURNANT EN DÉRISION SON MOT HISTORIQUE DE 1940 :
« ALORS, MON CHER PRÉSIDENT, LA ROUTE DU FER EST TOUJOURS COUPÉE ? » ET REYNAUD DE LUI RÉTORQUER, CINGLANT : « JE VOIS, MON CHER MINISTRE, QUE POUR VOUS LA ROUTE DU ZINC EST TOUJOURS OUVERTE ! »

LA PORTE EN PLACARD À DEUX VANTAUX, MODÈLE DE MENUISERIE DE BRASSERIE TYPIQUE DE LA FIN DU XIXe SIÈCLE, EST DOTÉE DE DEUX ACCESSOIRES : UNE HORLOGE ET UN ALLUME-CIGARE EN BRONZE DORÉ QUI FONCTIONNAIT AU GAZ.
LA BUVETTE DES PARLEMENTAIRES EST SITUÉE AU CŒUR DE CE QU'ON APPELLE LE « PÉRIMÈTRE SACRÉ », À L'EXTRÉMITÉ NORD DE LA SALLE DES CONFÉRENCES QUI BORDE L'HÉMICYCLE. ELLE EST OUVERTE TOUTE LA JOURNÉE, DU PETIT DÉJEUNER JUSQU'À LA FIN DE LA SÉANCE PUBLIQUE, QUELLE QUE SOIT L'HEURE À LAQUELLE ELLE SE TERMINE. ELLE PEUT ACCUEILLIR 50 PERSONNES ASSISES ET JUSQU'À 80 EN ÉTÉ GRÂCE AU JARDIN ATTENANT.
LORSQUE L'ASSEMBLÉE TIENT SÉANCE, ELLE SERT ENTRE 130 ET 150 PLATS DU JOUR OU FORMULES-BUFFET LES MARDIS ET MERCREDIS, JOURS TRADITIONNELS D'AFFLUENCE AU PALAIS BOURBON. LES SERVEURS DE L'ASSEMBLÉE SONT AFFECTÉS PAR ROTATION À LA BUVETTE OU DANS LES RESTAURANTS PARLEMENTAIRES : RESTAURANT ET CAFÉTÉRIA DE L'IMMEUBLE CHABAN-DELMAS AU 101, RUE DE L'UNIVERSITÉ ; PETIT HÔTEL SITUÉ AU 128, RUE DE L'UNIVERSITÉ.
AFIN DE GARANTIR AUX PARLEMENTAIRES TRANQUILLITÉ ET CONFIDENTIALITÉ, LA BUVETTE DES PARLEMENTAIRES EST TRADITIONNELLEMENT RÉSERVÉE AUX DÉPUTÉS ET AUX MEMBRES DU GOUVERNEMENT, AINSI QU'AUX COLLABORATEURS AYANT ACCÈS À L'HÉMICYCLE. LES JOURNALISTES N'Y SONT EN THÉORIE PAS ADMIS. NAGUÈRE IL ÉTAIT DE TRADITION QUE, LORSQU'UN PROJET DE LOI AVAIT ÉTÉ ADOPTÉ À L'ISSUE D'UN LONG DÉBAT PARLEMENTAIRE, LE MINISTRE QUI LE PORTAIT INVITE À LA BUVETTE LES DÉPUTÉS DE TOUS BORDS QUI AVAIENT PRIS PART AU DÉBAT. L'USAGE S'EST QUELQUE PEU PERDU.
LES ANCIENS SE SOUVIENNENT DES SOIRÉES MÉMORABLES QUAND MICHEL CHARASSE, MINISTRE DE 1988 À 1992, COMMANDAIT NOMBRE DE BOUTEILLES DE CHAMPAGNE PENDANT LES LONGUES SÉANCES DE DÉBAT BUDGÉTAIRE.

L'OUVERTURE D'UNE BUVETTE AU PALAIS BOURBON REMONTE AU 11 FRIMAIRE AN VI, SOIT LE 1ER DÉCEMBRE 1797, POUR L'INSTALLATION DU CONSEIL DES CINQ CENTS, L'ARRÊTÉ PRÉCISE : « CE CAFÉ NE SERA ÉTABLI QUE POUR L'USAGE DES REPRÉSENTANTS DU PEUPLE ET POUR LES EMPLOYÉS DE SES BUREAUX. »
LE DÉCOR DE LA BUVETTE S'INSCRIT DANS LE GOÛT DE LA BELLE ÉPOQUE. QUATRE PANNEAUX EN GRÈS DE SÈVRES, RÉALISÉS EN 1902 D'APRÈS DES MODÈLES D'ALFRED BOUCHER ET DE CONSTANT ROUX, REPRÉSENTENT CHACUN UNE FIGURE FÉMININE DANS UN PAYSAGE SYMBOLISANT LES SAISONS. DEUX AUTRES PANNEAUX, PLUS PETITS, QUE L'ON DOIT ENCORE AU SCULPTEUR CONSTANT ROUX, ONT ÉTÉ AJOUTÉS EN 1905 DE CHAQUE CÔTÉ DU COMPTOIR. ILS REPRÉSENTENT DES GROUPES D'ENFANTS, ALLÉGORIES DU FEU ET... DE L'EAU.
LES MŒURS ONT CHANGÉ « AUJOURD'HUI, LES NOUVEAUX, LES PETITS JEUNES, CONSOMMENT MOINS », NOTE UN SERVEUR CHEVRONNÉ.

SILENCE AU BOUT DU FIL

D'abord, la sidération. Celle de voir des cancers se déclarer en série parmi les salariés des Télécoms. Ensuite, les interrogations. Très vite, les soupçons se portent sur les parafoudres, des petits tubes en apparence inoffensifs mais en réalité chargés de radon, un gaz radioactif. Enfin, l'investigation. Décennie après décennie, syndicalistes, victimes, médecins assemblent leurs pièces du puzzle et dévoilent un risque étouffé. À l'heure où ces lanceurs d'alerte se tournent vers la justice, les parafoudres contaminés parsèment encore le territoire. Enquête sur un scandale sanitaire en gestation.

CLOTILDE DE GASTINES THIERRY BOUÜAERT

Octobre 2015, quelque part dans les monts d'Auvergne.

Ce « lignard », comme on surnomme les agents de ligne, répare une ligne de téléphone fixe.

Il approche le compteur Geiger. L'appareil s'emballe, affiche 40 coups par seconde.

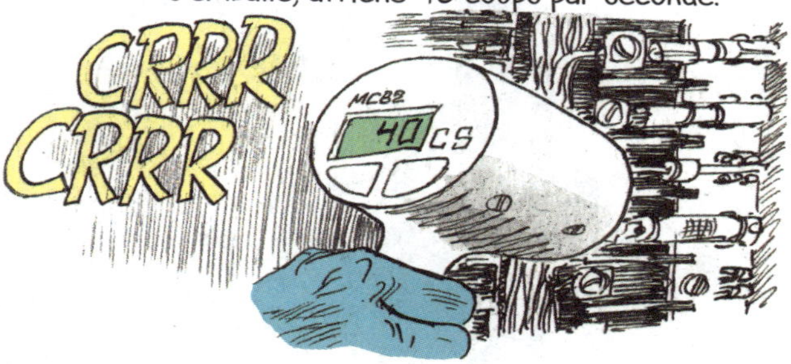

La radioactivité est aussi élevée que sur un remblai de mine d'uranium.

Soudain, le radiomètre explose.

Désemparé, le lignard appelle son délégué syndical. Celui-ci l'oriente illico vers un médecin du travail.

Un petit tube de 7 cm de long est à l'origine de cette radioactivité : un parafoudre.

Le risque, invisible à l'œil nu, est réel. Les rayonnements ionisants provoquent des cancers.

Jean-Pierre Duport est l'une des victimes.

À la fin de 2005, on lui diagnostique un cancer de la thyroïde.

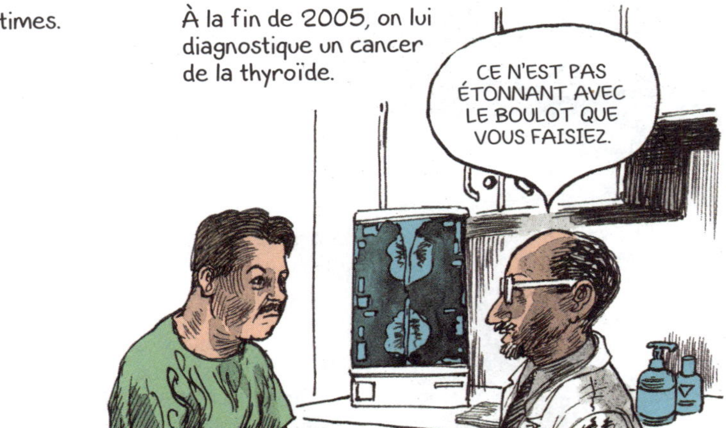

Jean-Pierre Duport débute aux PTT en 1972, à 20 ans, comme lignard à Riom-ès-Montagnes (Cantal).

La tâche est rude pour les forçats des Télécoms.

Ils plantent chaque jour une dizaine de poteaux de 100 kilos...

puis tirent les fils de cuivre et les câbles...

« Il fallait voir les gars, c'étaient des armoires à glace. Moi, j'étais gringalet, j'ai dû faire avec. »

Dans la téléphonie, c'est le « coup de feu », les équipes travaillent sans relâche. Et pour cause... En 1974, Valéry Giscard d'Estaing vient d'être élu. Ce féru de modernité accélère l'équipement du territoire par les PTT.

Tout le monde doit avoir son téléphone.

On passe de 4 millions d'abonnés en 1970 à 20 millions en 1983.

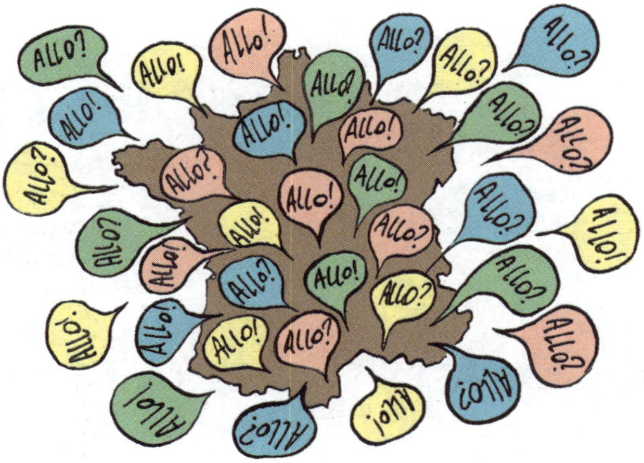

Chaque ligne d'abonné a besoin de quatre parafoudres : deux à l'arrivée dans les boîtes RPF[1], sur les poteaux, et deux au central téléphonique.

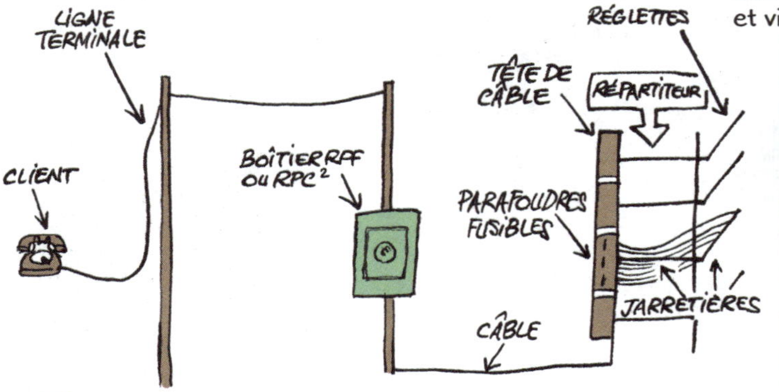

On installe des centaines de milliers de boîtiers et des dizaines de milliers de répartiteurs, souvent situés dans les bureaux de poste des villes et villages.

Le réseau de téléphone est équipé de ces fusibles radioactifs depuis 1931.

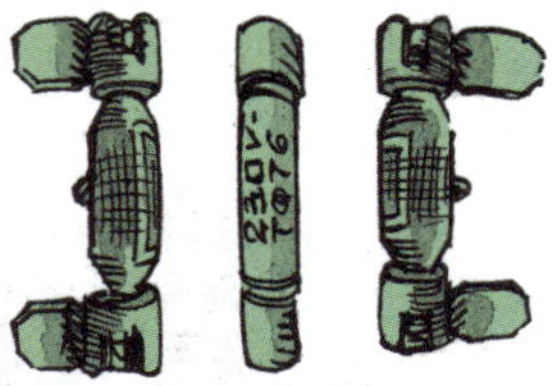

Le parafoudre, cette ampoule de verre en apparence inoffensive...

... est en réalité chargée en radium 226, krypton, tritium et promethium. En cas de contact, d'ingestion ou d'inhalation, ces radioéléments bombardent les cellules saines de l'organisme et provoquent des cancers.

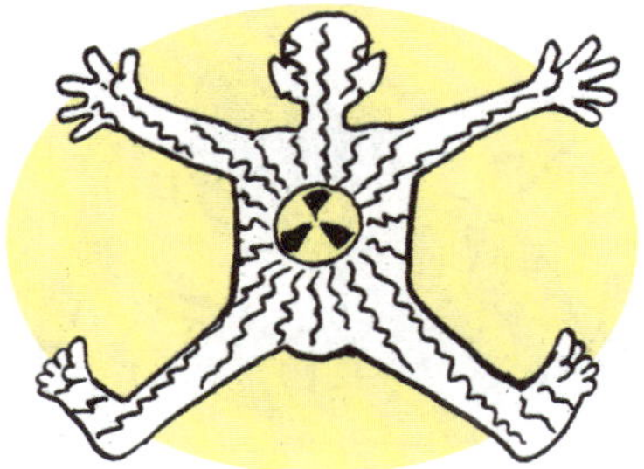

1. Raccordement, parafoudre, fusible. 2. Raccordement, parasurtenseur, coupure.

Jusqu'à la fin des années 1960, le radium 226, un élément radioactif descendant de l'uranium, était souvent utilisé dans l'industrie. On se préoccupait peu de ses effets sur la santé. Les Télécoms n'échappent pas à cette mode.

Les ingénieurs pensent que les radioéléments améliorent la résistance des parafoudres et permettent d'éviter les accidents avant l'orage.

Ceux-ci recommandent l'usage de tritium, mais n'interdisent pas l'utilisation du radium.

En 1974, les ingénieurs du CNET[1] déposent un brevet commun avec le CEA[2] pour des micro-parafoudres à « gaz ionisants ».

1977. Première alerte : l'APRI[3], une association antinucléaire historique, met en garde le ministère des Télécommunications. Dès 1978, cette administration prend l'affaire au sérieux.

Les parafoudres radioactifs sont interdits. Mais la direction générale n'en préconise pas le retrait systématique.

1. Centre national d'étude des télécommunications. 2. Commissariat d'État à l'énergie atomique.
3. Association pour la protection contre les rayons ionisants.

4. Agence nationale pour la gestion des déchets radioactifs.

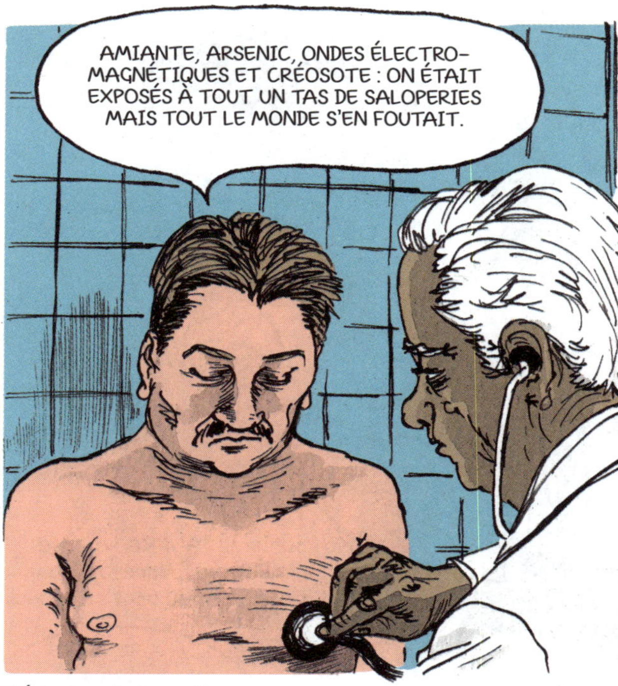

Dès 2006, Jean-Pierre Duport fait une démarche de reconnaissance en maladie professionnelle.

Pendant des années, il multiplie les examens.

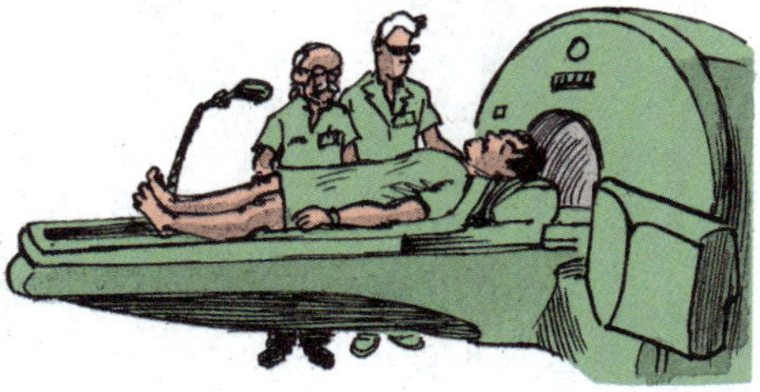

Médecine du travail :

À Riom-ès-Montagnes, J-P Duport n'est pas la seule victime.

Sur les 35 salariés du site, 13 autres cancers se déclarent en 2006, 10 techniciens habitués à travailler avec les parafoudres et 3 postiers.

Sidérés, les représentants du personnel s'interrogent, ils ne font pas tout de suite le lien avec les parafoudres.

La direction nationale réagit, péremptoire :

Les syndicalistes mesurent la gravité de la situation et recherchent les causes.
En 2008, ils sollicitent le toxicologue Henri Pézerat, qui a révélé le scandale de l'amiante.

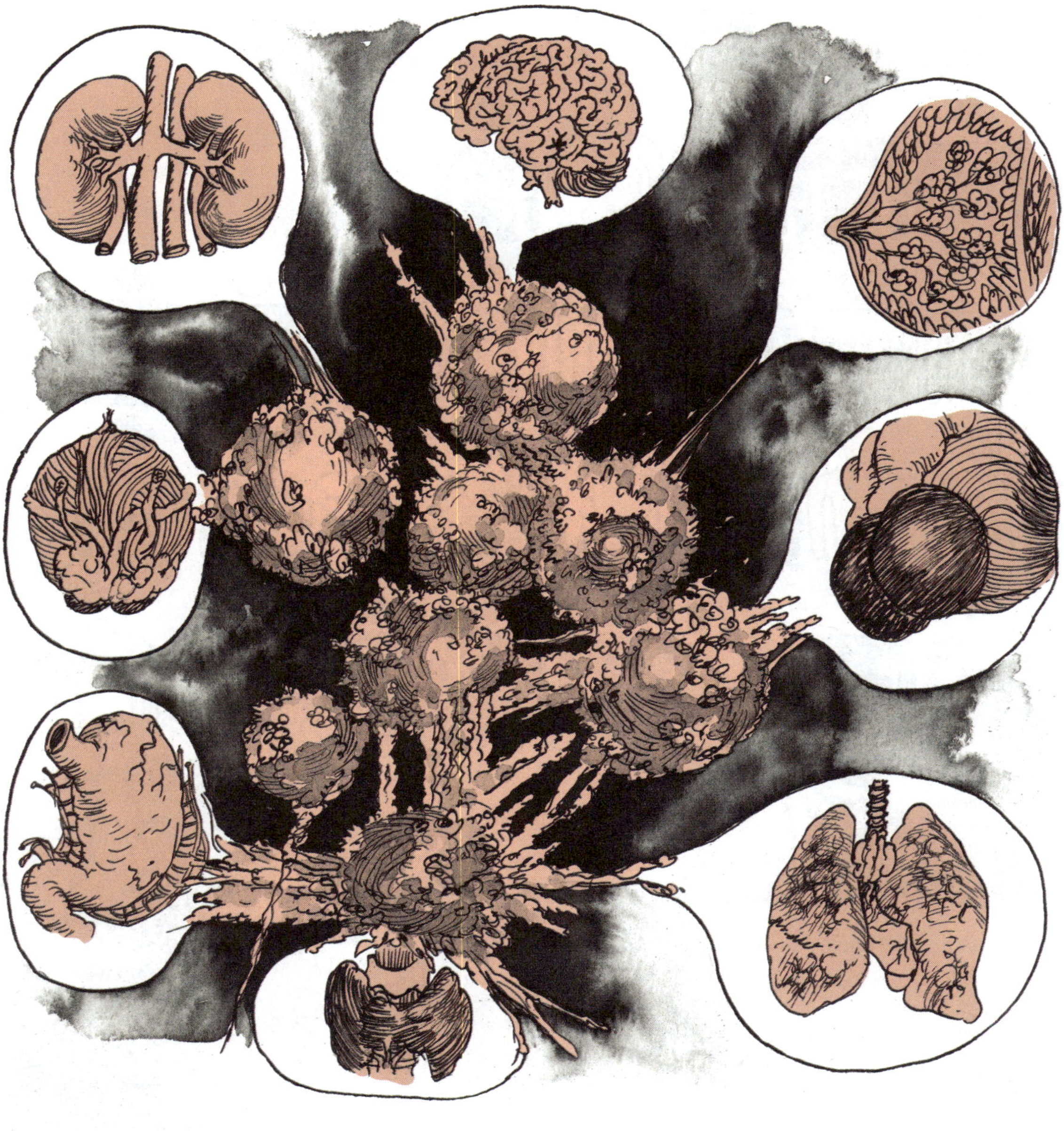

Pézerat fait le lien entre ces cancers et les rayonnements ionisants et met les syndicalistes sur la piste des parafoudres radioactifs.

Il les prévient que le dossier a été plusieurs fois étouffé.

Ce que confirme le docteur Christian Torres, médecin du travail à France Télécom.

Il découvre la dangerosité des parafoudres en 1998 lorsqu'une dizaine d'employées d'une agence de la Croix Rousse, à Lyon, déclare des cancers du sein.

Le docteur Torres est chargé d'identifier tous les polluants avec lesquels ces femmes ont été en contact.

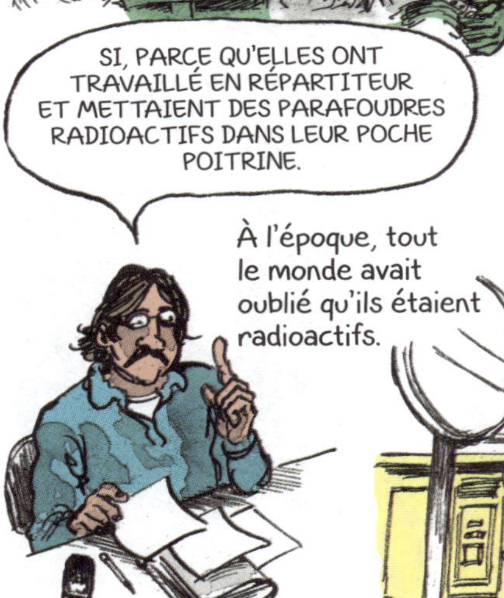

Torres mène son enquête, il visite même les musées des PTT pour trouver des exemplaires de parafoudres.

Il apprend que la CFDT de Saint-Nazaire a connu aussi un agrégat de cancers entre 1989 et 1995.

En 1995, la CFDT a porté plainte contre X pour empoisonnement à la suite du décès de 4 jeunes lignards. Tous morts de cancers fulgurants à moins de 35 ans.

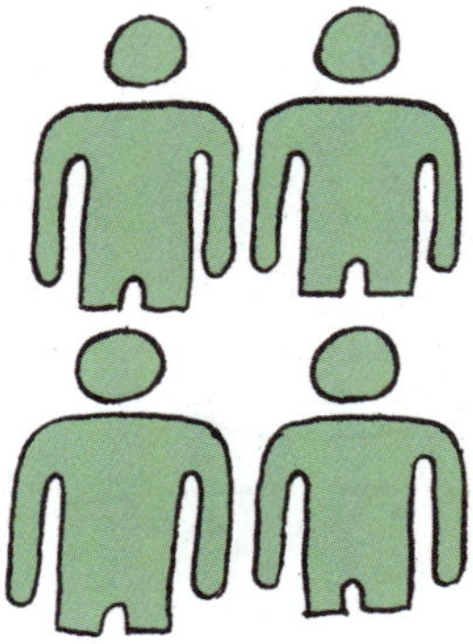

La veuve de l'un d'eux, Patrick Ollive, mort à 32 ans, passe sur toutes les chaînes de télévision.

L'un des syndicalistes à l'origine de la plainte est victime d'intimidations.

Des collègues le préviennent que sa ligne est sur écoute. Pendant des mois, une camionnette le surveille.

Lorsque Torres téléphone à l'un des responsables du dossier.

France Télécom se contente de commander une étude épidémiologique à l'Inserm*.

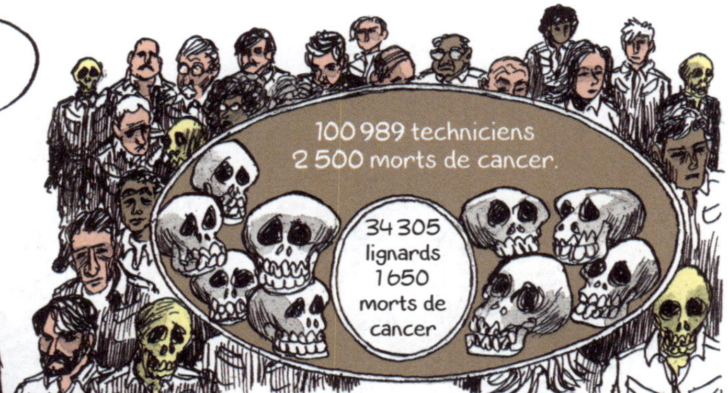

En 2003, celle-ci conclut que, par rapport aux autres agents, chez ces lignards le risque de cancer augmente de 50 %.

Pourtant, l'étude noie le poisson en mêlant les résultats des lignards à ceux des autres salariés. Pis, les chercheurs insistent sur la consommation d'alcool et de tabac chez ces agents.

Dans une note de juin 1999, la direction des réseaux de France Télécom demande que les parasurtenseurs radioactifs soient démontés au fur et à mesure.

Philippe Chicaud, directeur Rhône-Alpes de l'époque, prend l'affaire au sérieux. Il mandate deux techniciens à plein temps pour dépolluer le réseau. Ils remplissent un fût de 38 kilos.

Mais il change de poste en 2000 et après lui personne ne prend le relais.

Le docteur Torres se retrouve rapidement très seul sur ce dossier jusqu'au jour où il entend parler de Riom-ès-Montagnes.

* Institut national de la santé et de la recherche médicale.

1. Comité d'hygiène de sécurité et des conditions de travail.

2. Institut de radioprotection et de sûreté nucléaire. 3. Commission de recherche et d'information indépendante sur la radioactivité.

En 2010, tout bascule, quand l'inspection du travail met en demeure Orange de dépolluer le réseau de la Haute-Loire.

Cette décision fait tache d'huile et s'étend à toute l'Auvergne, obligeant l'entreprise à organiser une mission de retrait : la « Mission Parafoudres ».

Pour les syndicalistes lanceurs d'alerte c'est une grande victoire.

Un autre agrégat de 29 cancers apparaît à Béziers et à Bédarieux (Hérault).

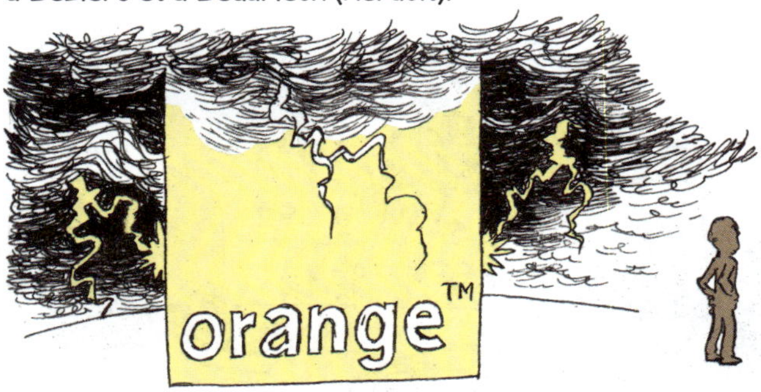

En 5 ans, la Mission parafoudres auvergnate récolte plus de 1,4 tonne d'objets toxiques. À l'échelle nationale, l'entreprise doit se mettre en conformité avec les règles de radioprotection.

Mais seule l'Auvergne est traitée par des équipes internes à Orange munies d'équipements de radioprotection.

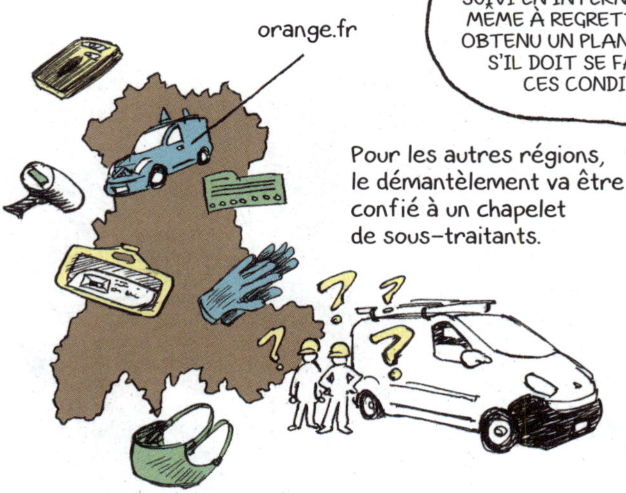

Pour les autres régions, le démantèlement va être confié à un chapelet de sous-traitants.

Orange refuse de communiquer les noms des trois sociétés chargées du démantèlement mais assure que leurs agents sont informés du risque.

À la fin de 2010, le CHSCT auvergnat commande une nouvelle expertise pour évaluer quelle a été l'exposition aux rayonnements ionisants entre 1970 et 2000, au plus fort de l'utilisation des parafoudres radioactifs.

5 ans plus tard, le CNRS[1] donne raison aux syndicalistes.

Les techniciens qui ont travaillé en répartiteur ont cumulé des doses importantes et supérieures aux limites légales.

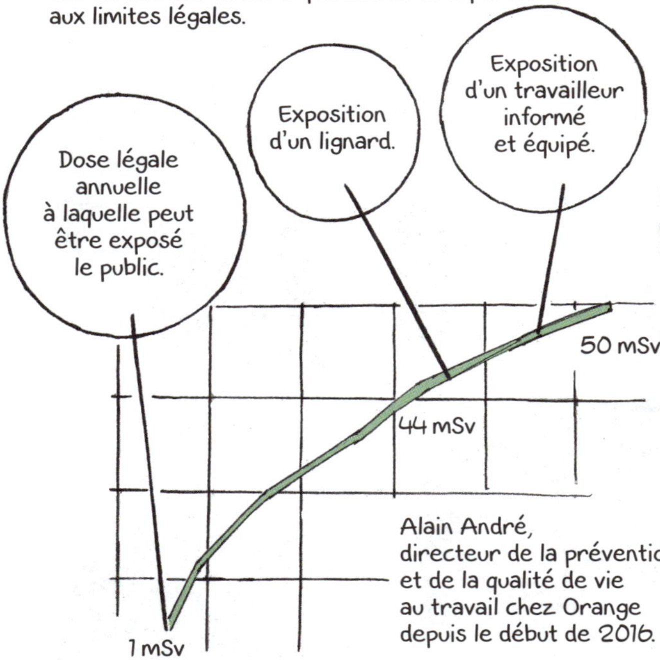

Sur 5 ans, l'exposition ne doit pas dépasser 100 millisieverts. Dans le cas, des techniciens de France Télécom, le cumul sur cette période atteint… 222 millisieverts !

Alain André, directeur de la prévention et de la qualité de vie au travail chez Orange depuis le début de 2016.

En 2016, Orange a dû s'engager sur un plan de retrait national qui doit s'achever en 2021.

1. Centre national de la recherche scientifique. 2. Autorité de sureté nucléaire. 3. Agence nationale pour la gestion des déchets radioactifs.

Alors que le démantèlement touche à sa fin en Auvergne, Yves et Franck ont demandé des mesures de toxicité dans les lieux de stockage.

Les fûts en plastique ne sont pas étanches, et les locaux pas ventilés.

Orange a confié l'analyse de l'air ambiant à une entreprise homologuée, qui conclut qu'il n'y a pas de risque de contamination au radium 226.

Les syndicalistes, de leur côté, ont demandé des mesures du radon 222, le gaz qui s'échappe des ampoules.

Yves et Franck ont réalisé des prélèvements à Issoire (Puy-de-Dôme).

Issoire est le plus gros site, abritant 80 000 parafoudres radioactifs.

Aidés financièrement par la CGT-CANTAL, ils les ont à nouveau confiés à la CRIIRAD.

L'intensité de la radioactivité a fait saturer les appareils de mesure de la CRIIRAD. À l'intérieur des fûts, le laboratoire l'a évalué à :
2 000 000 de becquerels par litre (Bq/L) pour le tritium, bien au-delà du seuil d'alerte de 100 Bq/L fixé par une directive européenne.
91 668 Bq/m³ pour le radon alors que les seuils d'intervention sont à 300 Bq/m³.
SI VOUS RESPIREZ LES BOUFFÉES DE CET AIR PENDANT UNE À DEUX HEURES, VOUS DÉPASSEZ LA DOSE LÉGALE ANNUELLE.
IL FAUDRAIT UN MASQUE AVEC CARTOUCHE À CHARBON ACTIF POUR ÉVITER LES INHALATIONS DE PARTICULES RADIOACTIVES.
En avril 2017, le véhicule d'Yves Colombat qui a servi au démantèlement et les 31 locaux de stockage des parafoudres ont été consignés et confiés à... l'IRSN.
AVOIR ÉTÉ EMPOISONNÉS SANS SAVOIR PAR QUOI ET PAR QUI, C'EST DE L'ASSASSINAT.
MAINTENANT IL FAUT RÉCLAMER JUSTICE... NE SERAIT-CE QU'EN MÉMOIRE DE CEUX QUI SONT MORTS.
Mais qui a intérêt à se lancer dans cette bataille judiciaire quand, depuis 40 ans, cadres, ingénieurs, direction se renvoient la patate chaude en se disant :
Après moi, le déluge...

un combat face au déni

Depuis 1970, les Télécoms ont enfreint toutes les règles de radioprotection. Mais si le lien entre exposition et cancers est désormais avéré, il sera difficile pour les 86 victimes recensées ou leurs familles d'obtenir réparation.

UN RISQUE ÉTOUFFÉ

Dans les archives du groupe Orange, on trouve plusieurs notes, dont la plus ancienne remonte à 1978, faisant apparaître des inquiétudes quant aux effets des rayonnements ionisants sur la santé du personnel. Un code de radioprotection de 1986, minutieusement surligné, témoigne aussi de ces préoccupations. Mais quarante ans plus tard, Orange entretient toujours le flou sur la dangerosité des parafoudres.

DES VICTIMES TOUJOURS PAS RECONNUES

Parmi les 86 victimes de Lyon, Riom-ès-Montagnes, Brives-Charensac, Moulins, Tulle, Béziers, Bédarieux et Saint-Nazaire, moins d'une dizaine ont fait des démarches de reconnaissance en maladie professionnelle. Celle-ci constitue pourtant la première étape pour l'obtention d'indemnisations, la reconnaissance d'invalidité ou la prise en charge de frais funéraires.

DES DÉCHETS RADIOACTIFS ENCORE À TRAITER

Les parafoudres ne sont plus scellés depuis trente ans, ce qui pose un vrai problème pour retraiter ces déchets sans exposer de nouveaux salariés. Un fût de 38 kilos, fruit d'une campagne de décontamination menée entre 1999 et 2001 à Lyon, attend toujours une solution.

L'ANXIÉTÉ COMME PRÉJUDICE

Les quinze techniciens auvergnats ayant participé à la mission « parafoudres » ont la possibilité de demander réparation du préjudice d'anxiété. Celui-ci résulte « *d'une situation d'inquiétude permanente face au risque de déclaration à tout moment d'une maladie* » susceptible d'affecter « *la santé mentale* ». Ce préjudice est souvent invoqué en cas d'exposition à l'amiante, mais il peut l'être aussi en cas d'accident de la route ou du travail.

© SUPER STOCK / RUE DES ARCHIVES

EDF, Météo France et la SNCF sont également concernées.

DES PROCÉDURES JUDICIAIRES DIFFFICILES

Orange pourrait être poursuivi pour mise en danger de la vie d'autrui et faute inexcusable. Information judiciaire, plainte ou encore citation directe : pour les salariés touchés, trois procédures devant la justice pénale sont envisageables. Mais pour l'heure, aucune d'entre elles n'a été engagée.
La dernière option, la citation directe, limiterait les probabilités de voir l'affaire classée. Mais ce serait alors au plaignant d'apporter suffisamment d'éléments pour démontrer la responsabilité de l'employeur. S'il est reconnu coupable, ce dernier risque 15 000 euros d'amende et un an de prison.

MAKING-OF

Clotilde de Gastines a commencé à suivre l'affaire des parafoudres radioactifs en 2015 pour la revue spécialisée *Santé et Travail*. Déterminée à aller plus loin, elle a sollicité le soutien de la Scam et décroché le prix Brouillon d'un rêve. Elle a également bénéficié du dispositif La Culture avec la Copie Privée. Grâce à cette aide, elle a pu se rendre aux quatre coins de la France et jusque dans les archives d'Orange. Le traitement en bande dessinée s'est imposé pour rendre cette histoire accessible à un large public.

UN DÉLAI DE PRESCRIPTION TROP COURT

Pour le préjudice d'anxiété, les délais de prescription permettent de remonter deux années en arrière seulement. Concernant la mise en danger d'autrui, ce délai court de trois à six ans après la fin des expositions. Autant dire que pour les lignards qui ont été exposés aux plus fortes intensités, entre 1970 et 1999, les jeux sont faits.

DESSIN : ERWANN TERRIER

À ÉCOUTER

Les Pollutions invisibles, **sur France Culture. Une passionnante enquête radiophonique en quatre épisodes dans La Série documentaire (LSD).**
(2016)

À LIRE

La Science asservie, **d'Annie Thébaud-Mony. Un réquisitoire contre la « stratégie du doute » mise en place par les industriels en cas de critiques.**
Éd. La Découverte (2014)

Face B

Jonathan Richman. Il est le parrain du punk et le Peter Pan du rock. À 18 ans, il bricolait un fanzine à la gloire du Velvet Underground. Plus tard, il sera repris par Iggy Pop. Tantôt pionnier du rock primitif, tantôt chanteur de calypso, cet artiste discret a su tirer de sa désarmante candeur une formidable liberté.

ARNAUD LE GOUËFFLEC NICOLAS MOOG

* Titre présent sur l'album « Question Mark and the Mysterians ».

COMME JONATHAN NE FAIT PAS LES CHOSES À MOITIÉ, IL NE QUITTE PLUS LE GROUPE, LE SUIVANT PARTOUT EN TOURNÉE.

LE ROCK DES MODERN LOVERS EST PRIMITIF ET MAGNÉTIQUE. IL Y A UN PASSAGE SECRET QUI LIE LE VELVET UNDERGROUND AU PREMIER ROCKABILLY, EN PASSANT PAR LE ROCK GARAGE AMÉRICAIN, ET CE PASSAGE SECRET, JONATHAN L'A TROUVÉ.

DES DÉMOS SONT ENREGISTRÉES, PRODUITES PAR JOHN CALE, UN ANCIEN DU VELVET UNDERGROUND.
OU PAR LE PRODUCTEUR EXCENTRIQUE KIM FOWLEY.
MAIS DES DISSENSIONS APPARAISSENT, ET L'ENREGISTREMENT S'EFFILOCHE DE 1971 À 1973. PLUS PROFONDÉMENT, RICHMAN EST INSATISFAIT.
The MODERN LOVERS
LORSQUE LE DISQUE, QUI CAPTURE L'ESSENCE DU ROCK PRIMITIF ET RETROUVE L'URGENCE DU VELVET, SORT EN 1976, LE GROUPE EST DÉJÀ DISSOUS.
S'IL ÉTAIT SORTI À TEMPS, LA FACE DE LA MUSIQUE EN EÛT ÉTÉ CHANGÉE.
JACK NITZSCHE, PRODUCTEUR CULTE.
ROADRUNNER ROADRUNNER
POURTANT, SON INFLUENCE VA ÊTRE CONSIDÉRABLE.
SEX PISTOLS
MÊME SI SON AUTEUR SEMBLE DÉSORMAIS S'EN DÉSINTÉRESSER TOTALEMENT.

CAR JONATHAN A ÉTÉ FRAPPÉ D'UNE AUTRE RÉVÉLATION À L'OCCASION D'UN SÉJOUR AUX BERMUDES.
BERMUDES
IL A ÉTÉ CHARMÉ PAR LE SON TRÈS RELAX DES CHANTEURS DE CALYPSO.
HEY!
FACE AUX PUNKS VENUS EN MASSE À SES CONCERTS, JONATHAN APPARAÎT CANDIDE, GUITARE ACOUSTIQUE À LA MAIN, ET CHANTE DES CHANSONS SUR LES PETITS DINOSAURES, L'ABOMINABLE HOMME DES NEIGES ET AUTRES SOUVENIRS D'ENFANCE.
HUUUUU!
FAGGOT!
ICE CREAM MAN RING YOUR BELL DING DING!
SPIT
GET OUT OF HERE!
DANS LA MYTHOLOGIE DU ROCK, RICHMAN EST PETER PAN... ET SA MUSIQUE UNE EXTRAORDINAIRE FONTAINE DE JOUVENCE.

RICHMAN EST DÉSORMAIS DEVENU JONATHAN, UN GARÇON SIMPLE ET VOLONTIERS NAÏF, CAPABLE DE REVIVRE ET DE TRANSCRIRE À VOLONTÉ LES ÉMOTIONS DE L'ENFANCE…
ET DOTÉ D'UN ANTICONFORMISME À TOUTE ÉPREUVE.
"EGYPTIAN REGGAE", UNE FANTAISIE EXOTIQUE DÉCALÉE, ATTEINT LA 5E PLACE DES CHARTS.
JONATHAN RICHMAN & THE MODERN LOVERS
Egyptian Reggae
LE RESTE DE SA DISCOGRAPHIE SERA UN LIVRE D'IMAGES ÉMAILLÉ DE CHEFS-D'ŒUVRE DISCRETS.
I, Jonathan
RICHMAN, TOUT EN AFFÛTANT UNE MUSIQUE SOUVENT ACOUSTIQUE, HÉRITIÈRE DE LA FRAÎCHEUR DES PREMIERS PAS DU ROCK'N'ROLL, INVENTE UN FOLKLORE PERSONNEL.
I WAS DANCING IN THE LESBIAN BAR
TRAVERSANT LES ANNÉES SANS RIEN CÉDER AU SON ET AUX CLICHÉS DE L'ÉPOQUE…
DÉVELOPPANT UN JEU DE GUITARE MINIMALISTE, IMMÉDIATEMENT RECONNAISSABLE…
…ET ÉVOQUANT AVEC HUMOUR SES PROPRES EXPÉRIENCES.
OUH, OUH, OUH!
ÉMISSION LATE NIGHT WITH CONAN O'BRIEN, OCTOBRE 1993.

TOTALEMENT SINGULIER, JONATHAN FAIT L'OBJET D'UN CULTE.
¡Jonathan, Te Vas A Emocionar!
MÊME QUAND IL S'AVENTURE DU CÔTÉ DE LA ROMANCE ESPAGNOLE OU QUE, FRANCOPHILE FERVENT, IL REPREND CHARLES TRENET EN FRANÇAIS DANS LE TEXTE.
FIDÈLE À SON LÉGENDAIRE ESPRIT DE CONTRADICTION IL ABORDE LE TOURNANT DU XXIe SIÈCLE SANS INTERNET...
...PRÉCISANT SUR LES CONTRATS DE TOURNÉE, DANS LA RUBRIQUE "RÉGIME ALIMENTAIRE", QU'IL S'OCCUPE LUI-MÊME DE SE TROUVER À MANGER...
...JOUANT VOLONTIERS SANS AMPLIFICATION...
...ET PLUTÔT QUE DE S'ENFERMER DANS LA ROUTINE DU MUSICIEN DE TOURNÉE, SE FAIT UN DEVOIR, DANS CHAQUE VILLE, DE LA VISITER SEUL AVANT LE CONCERT.
BON SANG, OÙ EST-IL ?
T'INQUIÈTE, IL SERA PILE À L'HEURE.
ORGANISATEURS

EN 1998, JONATHAN FAIT UNE APPARITION REMARQUÉE DANS LE FILM "MARY À TOUT PRIX", DES FRÈRES FARRELLY.

MAIS CE MOMENT DE PUBLICITÉ EST DE COURTE DURÉE. EN 2016, JONATHAN VIENT DE PUBLIER, DANS LA DISCRÉTION, UN NOUVEL ALBUM.

QUI EST JONATHAN RICHMAN ?

COMME TOUT GRAND ARTISTE, UNE FIGURE PARADOXALE.
LE PARRAIN DU PUNK AIME LES CHEMISES À FLEURS.

REPRIS PAR DAVID BOWIE, IGGY POP,
SIOUXIE AND THE BANSHEES, ECHO AND THE BUNNYMEN
OU PASCAL COMELADE,
IL RESTE INSAISISSABLE.

ALORS, SANS DOUTE,
SA DISCRÉTION S'EXPLIQUE-T-ELLE PAR LE REFUS
PROFOND DE TOUTE COMPROMISSION,
LA VOLONTÉ DE PRÉSERVER SA LIBERTÉ ET SA MIRACULEUSE
LÉGÈRETÉ DE TON, QUI DÉFIE LE TEMPS QUI PASSE ET LA PESANTEUR

COMME UN RÊVE SORTI DU TRANSISTOR DE L'ENFANCE.

QUELQUE CHOSE QUE JE SAIS DE JONATHAN.

FOCUS SUR QUELQUES EXTRAITS D'UNE DISCOGRAPHIE FOISONNANTE

THE MODERN LOVERS
"THE ORIGINAL MODERN LOVERS"

MOHAWK RECORDS, 1981 (ENREGISTRÉ EN 1971)

EN MARGE DU PREMIER ALBUM, CE DISQUE COMPILE LES DÉMOS ENREGISTRÉES AVEC LE PRODUCTEUR KIM FOWLEY, EXCENTRIQUE AU LONG COURS ET DOCTEUR MABOUL DU ROCK'N'ROLL : ON RETROUVE UNE PARTIE DES TITRES DU PREMIER ALBUM OFFICIEL, MAIS LES MORCEAUX SONT ENCORE PLUS ÉLECTRIQUES ET FRANCHEMENT PLUS SAUVAGES. 5 ANS AVANT LA LETTRE (1972 !), LES MODERN LOVERS INVENTAIENT LE PUNK ET LUI TAILLAIENT, AU RASOIR, UN COSTARD SUR MESURE.

JONATHAN RICHMAN AND THE MODERN LOVERS
"ROCK'N'ROLL WITH THE MODERN LOVERS"

BESERKLEY RECORDS, 1977

L'ART DU CONTRE-PIED. L'ANNÉE DU PUNK, PLUTÔT QUE D'EN REVENDIQUER LA PATERNITÉ, JONATHAN POSE EN CHEMISE BLANCHE COUVERTE DE COEURS SUR LA POCHETTE DE CE DISQUE ACOUSTIQUE, PLEIN DE GUITARES EN BOIS, DE CLOCHETTES, DE SONNETTES OU DE GONGS. DES CHANSONS ROCK TOUT EN NUANCE ET TENDRESSE (QUI ÉVOQUENT LE MARCHAND DE GLACE DE SON ENFANCE OU UNE VIEILLE VOITURE TRÈS AIMÉE) CÔTOIENT DES INSTRUMENTAUX EXOTIQUES COMME CE "KWA TI FENG" CHINOIS OU CE REGGAE ÉGYPTIEN (!) QUI VA, CONTRE TOUTE ATTENTE, DÉCROCHER LA TIMBALE DU SUCCÈS. AU PRÉTEXTE DE LA NAÏVETÉ, L'HUMOUR EST PARTOUT, ET LA PROVOCATION AUSSI. UN DES GRANDS DISQUES PUNKS DE 1977.

JONATHAN RICHMAN AND THE MODERN LOVERS
"IT'S TIME FOR"

UPSIDE RECORDS, 1986

JONATHAN TRAVERSE LES ANNÉES 80 COMME UNE FLEUR, LIVRANT DES DISQUES INTEMPORELS COMME CELUI-CI, PARU EN 1986. SON SONGWRITING EST ALORS À UN DE SES SOMMETS CRÉATIFS : DES CHANSONS COMME "SHIRIN AND FAHRAD", SORTE DE ROCK PERSAN, PROLONGENT LA VEINE EXOTIQUE, TANDIS QUE SUR "THE DESERT" OU "ANCIENT LONG AGO", JONATHAN SE FAIT CROONER ET CHANTE COMME S'IL VOULAIT CHARMER LES SERPENTS. LE DISQUE COMPREND AUSSI UN DES CLASSIQUES DU RÉPERTOIRE, "CORNER STORE", CHANSON HOMMAGE À UN PETIT COMMERCE AUJOURD'HUI DISPARU, FANTÔME DE L'ÉPOQUE BÉNIE DE SON ENFANCE.

JONATHAN RICHMAN
« JONATHAN GOES COUNTRY »

ROUNDER RECORDS, 1990

LA POCHETTE EST ATROCE, MAIS LE DISQUE UNE VRAIE RÉUSSITE. SUR CET ALBUM, ENTOURÉ DE MUSICIENS DE SESSION DE SPRINGFIELD, MISSOURI, RICHMAN REPREND QUELQUES CLASSIQUES DE LA COUNTRY, ET COMME ON N'EST JAMAIS AUSSI BIEN SERVI QUE PAR SOI, SE REPREND LUI-MÊME À LA SAUCE NASHVILLE, MÊLANT À SON ROCK'N'ROLL LE GLISSANDO DE LA SLIDE GUITAR. VOLONTIERS PINCE-SANS-RIRE, IL SE PLAINT SUR LE PREMIER TITRE DE NE PLUS VOIR SA FEMME DEPUIS QU'ELLE FAIT DU CHEVAL.

JONATHAN RICHMAN
« YOU MUST ASK THE HEART »

ROUNDER RECORDS, 1995

DANS LES ANNÉES 90, JONATHAN JOUE PLUS QUE JAMAIS LA CARTE DE L'ÉMOTION ET DE LA NOSTALGIE, PEAUFINANT SON COSTUME DE CHANTEUR DE CHARME, SUR LEQUEL L'ÂGE SEMBLE NE PAS AVOIR DE PRISE. L'AMBITION DU DISQUE EST DANS LES CHANSONS, PARTICULIÈREMENT SENSIBLES, OÙ RICHMAN PROUVE QUE LA FRAÎCHEUR DE SON INSPIRATION EST INTACTE. AMBITIEUX ET EN PLEINE POSSESSION DE SES MOYENS, IL Y REPREND TOM WAITS ET SAM COOKE OU LIVRE DES CHANSONS PARTICULIÈREMENT POIGNANTES, COMME "TO HIDE A LITTLE THOUGHT" OU "LET HER GO INTO THE DARKNESS", GRAVES ET LUMINEUSES. LE TEMPS PASSE MAIS PAS LES SENTIMENTS.

JONATHAN RICHMAN
« BECAUSE HER BEAUTY IS RAW AND WILD »

VAPOR RECORDS, 2008

DANS LES ANNÉES 2000, JONATHAN S'OFFRE UNE NOUVELLE CURE DE JOUVENCE, LE TEMPS D'UNE POIGNÉE D'ALBUMS AU SON PARFOIS DÉLIBÉRÉMENT BRUT, ENREGISTRÉS EN TOUTE LIBERTÉ AVEC SON BATTEUR TOMMY LARKINS. IL Y POURSUIT SON VOYAGE SINGULIER ET PERSONNEL, AU FIL DE QUATORZE CHANSONS CHALEUREUSES ET DIRECTES CAPTÉES DANS LES CONDITIONS DU LIVE. PLUS LIBRE QUE JAMAIS, IL SEMBLE AVOIR ABANDONNÉ TOUTE AMBITION COMMERCIALE. SUR " LE PRINTEMPS DES AMOUREUX EST VENU", IL CHANTE MÊME EN FRANÇAIS ET SE FAIT TROUBADOUR.

L'effet domino

La morue. L'histoire ressemble à une ruée vers l'or, version morue. À force d'être pêché, l'animal a brutalement décliné. Les pêcheurs se sont rabattus sur sa proie, le crabe des neiges, à son tour menacé par... le réchauffement des océans. En matière d'environnement, l'homme joue souvent contre son camp.

CÉCILE CAZENAVE TANGUI JOSSIC

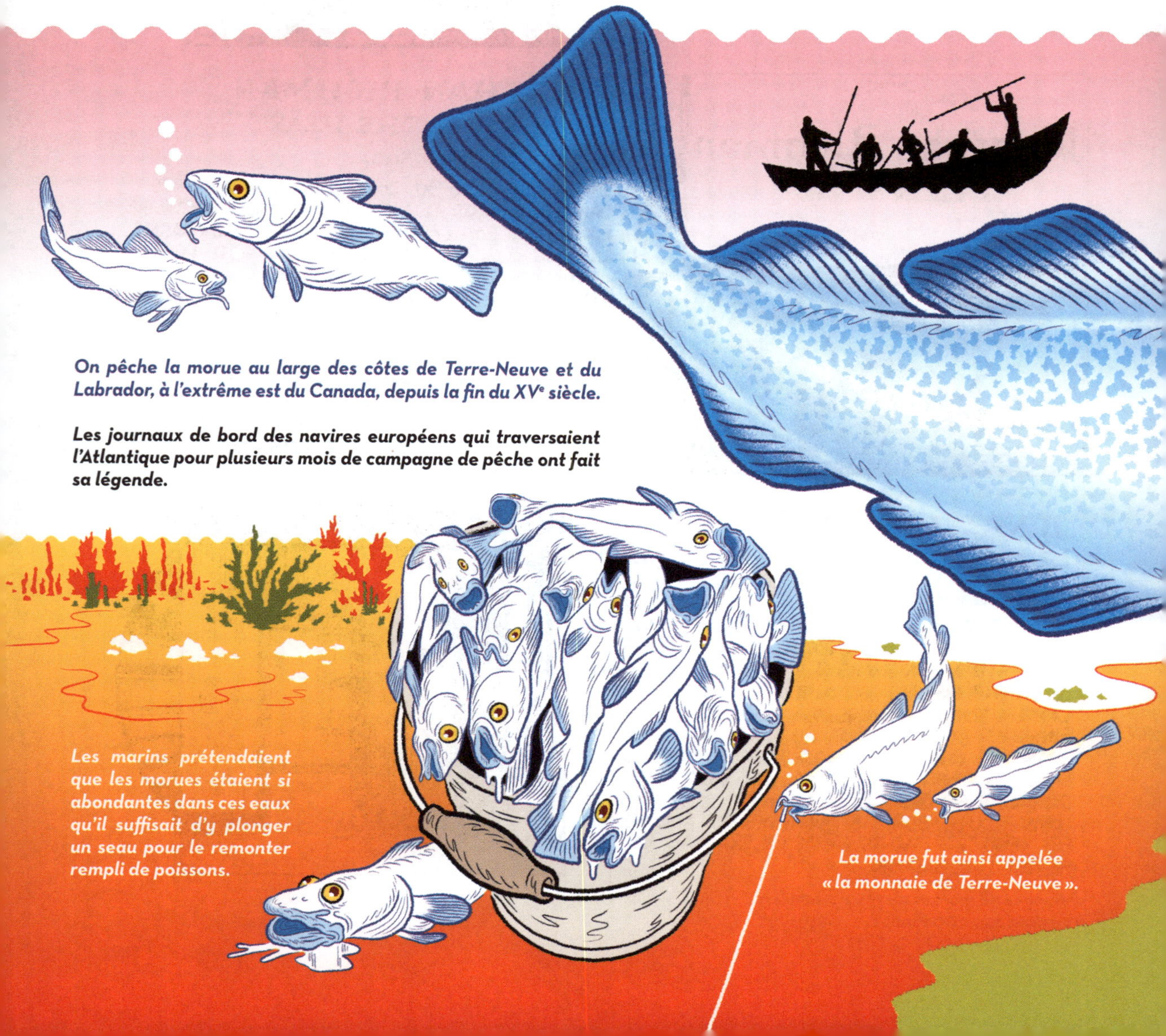

On pêche la morue au large des côtes de Terre-Neuve et du Labrador, à l'extrême est du Canada, depuis la fin du XVe siècle.

Les journaux de bord des navires européens qui traversaient l'Atlantique pour plusieurs mois de campagne de pêche ont fait sa légende.

Les marins prétendaient que les morues étaient si abondantes dans ces eaux qu'il suffisait d'y plonger un seau pour le remonter rempli de poissons.

La morue fut ainsi appelée « la monnaie de Terre-Neuve ».

500 ans d'abondance

En quatre siècles et demi, jusqu'à la Seconde Guerre mondiale, pas moins de 12 000 navires et 450 000 marins français auraient ainsi participé à ces campagnes de pêche.

Les marins arrivent sur les côtes dès le mois de mai et rentrent en Europe au début de l'automne.

Ces pêcheurs, comme d'autres Européens, prennent leurs quartiers à terre et pêchent chaque jour non loin de la côte.

À partir du XIXe siècle, certains restent à Terre-Neuve et finissent par s'y implanter définitivement. C'est le début d'une pêche locale qui deviendra le pilier économique de l'île. D'autres continuent leur navigation saisonnière.

Mais de plus en plus d'hommes pêchent, et la morue côtière commence à faire défaut. Pour compenser, les hommes adoptent des méthodes plus efficaces.

Ils s'aventurent également plus au large, sur les grands bancs.

À partir de 1870, ils partent à bord de goélettes en bois, de mars à octobre, pour trois ou quatre sorties par an.

C'est la pêche hauturière.

Entre 1850 et 1950, les prises annuelles de morues du Nord s'envolent à environ 250 000 tonnes.

Trop gourmand, le XXe siècle post-industriel

Après la Seconde Guerre mondiale, cette industrie vieille de 500 ans change radicalement.

Les navires modernes des années 1950 et 1960 permettent aux équipages de sortir en mer par tous les temps et d'y rester des mois entiers sans toucher terre.

Ces nouveaux engins de pêche sont équipés d'instruments électroniques de navigation, de sonars, de radars qui permettent de localiser les poissons et de les traquer.

En dix ans, les prises de poissons de fond dans les grands bancs doublent pour atteindre 810 000 tonnes en 1968, un record historique.

Les premiers signes d'épuisement des stocks de morues se font sentir dès les années 1960 sur les côtes, puis au large.

Malgré la mise en place d'un système de quotas, puis la décision en 1977 du Canada de repousser la limite de ses eaux territoriales à 200 milles (320 km) de la côte, contre 12 milles auparavant, les stocks ne remontent pas.

Des scientifiques alertent sur le possible effondrement des stocks de morues. Leurs prélèvements montrent que l'aire géographique occupée par les poissons diminue comme peau de chagrin. Mais leur message est inaudible. En effet, grâce aux instruments de repérage, les pêcheurs trouvent toujours des bancs de poissons. En science halieutique, on nomme ce phénomène *l'hyperstabilité*.

Aux yeux des pêcheurs, l'abondance est toujours au rendez-vous.

En 1991, les prises totales de morues n'atteignent plus que 150 000 tonnes.

De son côté, le gouvernement, craignant de considérables pertes économiques, continue de fixer des quotas, plutôt que de diminuer l'effort de pêche.

En juillet 1992, le Canada se résout enfin à imposer un moratoire sur la pêche commerciale de la morue du Nord. C'est la fin d'une pêcherie de cinq siècles à Terre-Neuve et au Labrador.

Quelque 30 000 travailleurs de la pêche se retrouvent du jour au lendemain au chômage.

De la morue au crabe, un jeu de quilles subaquatique

L'effondrement de la morue dû à la surpêche s'est conjugué à d'autres phénomènes. Le principal, encore une fois d'origine humaine, est le changement climatique.

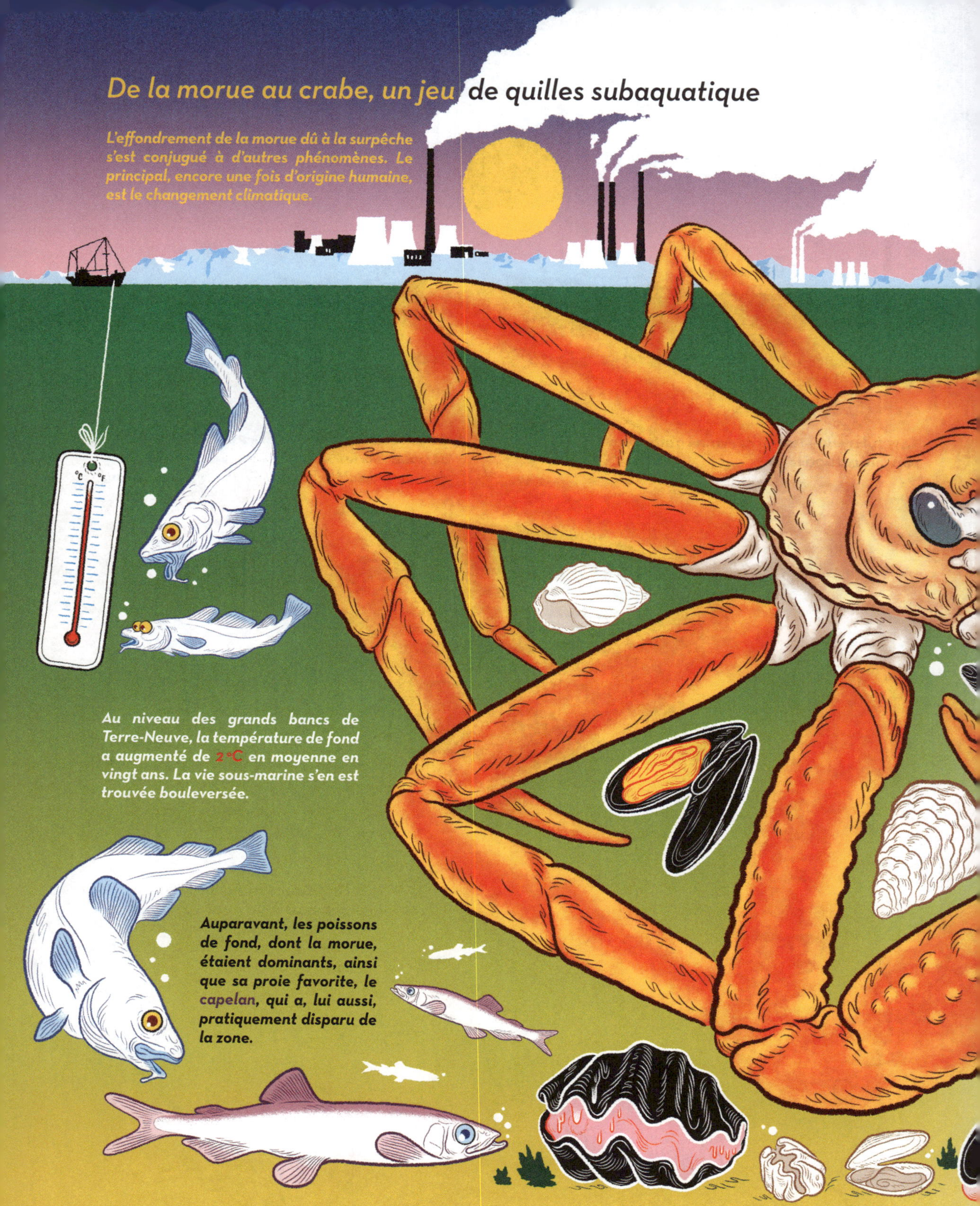

Au niveau des grands bancs de Terre-Neuve, la température de fond a augmenté de 2 °C en moyenne en vingt ans. La vie sous-marine s'en est trouvée bouleversée.

Auparavant, les poissons de fond, dont la morue, étaient dominants, ainsi que sa proie favorite, le capelan, qui a, lui aussi, pratiquement disparu de la zone.

Après l'effondrement des stocks de morue, les populations de mollusques et de crustacés ont considérablement augmenté. Les pêcheurs de Terre-Neuve qui n'avaient pas quitté les ports se sont donc mis à capturer ce qui avait une valeur commerciale, et en particulier le crabe des neiges (Chionoecetes opilio), très lucratif, qui, débarrassé de son principal prédateur, s'est mis à pulluler.

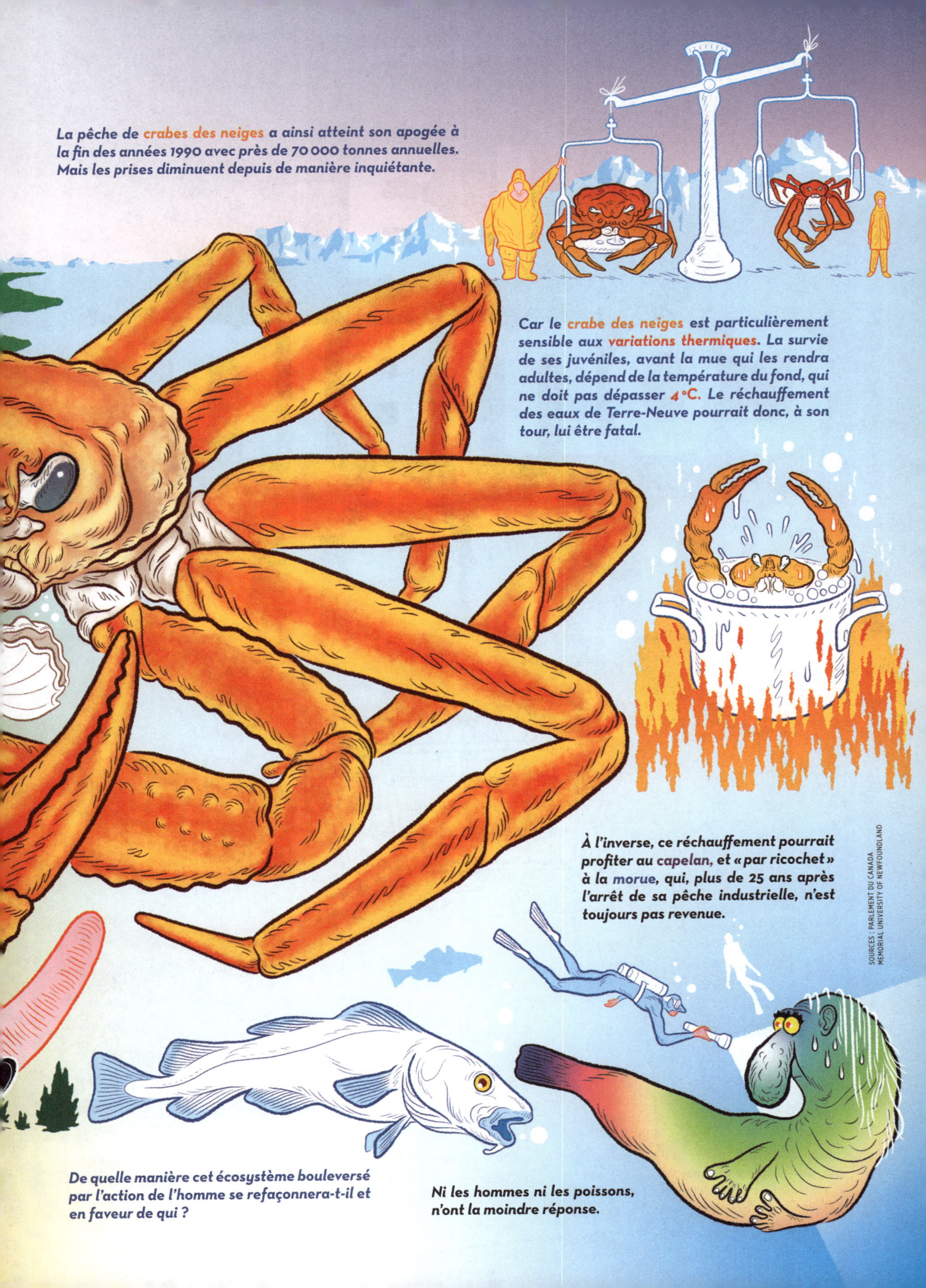

La pêche de crabes des neiges a ainsi atteint son apogée à la fin des années 1990 avec près de 70 000 tonnes annuelles. Mais les prises diminuent depuis de manière inquiétante.

Car le crabe des neiges est particulièrement sensible aux variations thermiques. La survie de ses juvéniles, avant la mue qui les rendra adultes, dépend de la température du fond, qui ne doit pas dépasser 4 °C. Le réchauffement des eaux de Terre-Neuve pourrait donc, à son tour, lui être fatal.

À l'inverse, ce réchauffement pourrait profiter au capelan, et « par ricochet » à la morue, qui, plus de 25 ans après l'arrêt de sa pêche industrielle, n'est toujours pas revenue.

SOURCES : PARLEMENT DU CANADA
MEMORIAL UNIVERSITY OF NEWFOUNDLAND

De quelle manière cet écosystème bouleversé par l'action de l'homme se refaçonnera-t-il et en faveur de qui ?

Ni les hommes ni les poissons, n'ont la moindre réponse.

La combine en béton

Ils sont les enfants des Trente Glorieuses, l'incarnation de la société de consommation. Un demi-siècle après l'avènement de la grande distribution, les hypermarchés poursuivent leur expansion. Qu'importe la concurrence du commerce en ligne, des circuits courts ; chaque année, des centaines d'hectares disparaissent encore sous les tôles ondulées. Cet insatiable appétit immobilier n'est pourtant pas au diapason de la consommation. Alors, à mesure que les bénéfices s'érodent, les géants accélèrent leur fuite en avant. Enquête sur une crise de surproduction qui ne dit pas son nom.

BERTRAND GOBIN **LE CIL VERT**

LA MUNICIPALITÉ A MÊME COLLÉ DES TROMPE-L'OEIL SUR LES VITRINES POUR ATTIRER LES ÉVENTUELS REPRENEURS...
LIBRAIRIE
RESTAURANT
FERMÉ
LES RUES FANTOMATIQUES NE SONT PAS L'APANAGE DE LA NORMANDIE. EN FRANCE, UN COMMERCE DE CENTRE-VILLE SUR DIX EST VACANT.
L'ANGOISSE !!
LUXE
AUTO
PHARM
VÊTEMENT
ENFIN... CE N'EST PAS MON PROBLÈME...
J'AI BEAUCOUP MIEUX À FAIRE DE MON APRÈM...
AH AH
PRIX BAS
SUPER
PROMO CHOC
JE DOIS ALLER FAIRE MES COURSES AU SUPERMARCHÉÉÉÉ
POM POM POM
BERNARDO TRUJILLO, L'INVENTEUR AMÉRICAIN DE LA "VENTE MODERNE" DANS LES ANNÉES 1950, A TROUVÉ LA RECETTE : "NO PARKING, NO BUSINESS".
C'EST TELLEMENT PLUS SIMPLE DE VENIR ICI !

ET EN PLUS, ILS FONT DES PROMOS SUR PRESQUE TOUT.
LA FRAISE ESPAGNOLE...
LA MANGUE AVION...
LES RECETTES SOUS VIDE...
PARKING, PRIX BAS, LIBRE-SERVICE : EN S'INSPIRANT DE TRUJILLO, LES FONDATEURS DE CARREFOUR ET AUCHAN ONT CRÉÉ DES MACHINES À VENDRE.
ET JE NE SUIS PAS LE SEUL À Y ALLER, LES GRANDES SURFACES CAPTENT 7 EUROS SUR 10 DES DÉPENSES ALIMENTAIRES DES FRANÇAIS.
MAIS C'EST ÉNORME !
CE QUI EST ÉNORME, C'EST LA PROLIFÉRATION DES HYPERMARCHÉS CES DERNIÈRES ANNÉES. ON EN COMPTAIT 1 350 EN 2005, ILS SONT MAINTENANT PLUS DE 2 200 !
ÇA POUSSE COMME DES CHAMPIGNONS !
PLOP
POP
DEPUIS 2000, LES SURFACES COMMERCIALES ONT AUGMENTÉ DE 3% PAR AN.
C'EST BIZARRE... C'EST UN RYTHME DEUX FOIS PLUS RAPIDE QUE LA CONSOMMATION.
ROUL ROUL ROUL
DANS LA GRANDE DISTRIBUTION, LES MONTANTS DES INVESTISSEMENTS AUGMENTENT PLUS VITE QUE CEUX DES VENTES... PAS ÉTONNANT QUE LES BÉNÉFICES BAISSENT !
MAIS QU'EST-CE QUE TU Y CONNAIS, TOI ? TU ES UN CHARIOT !

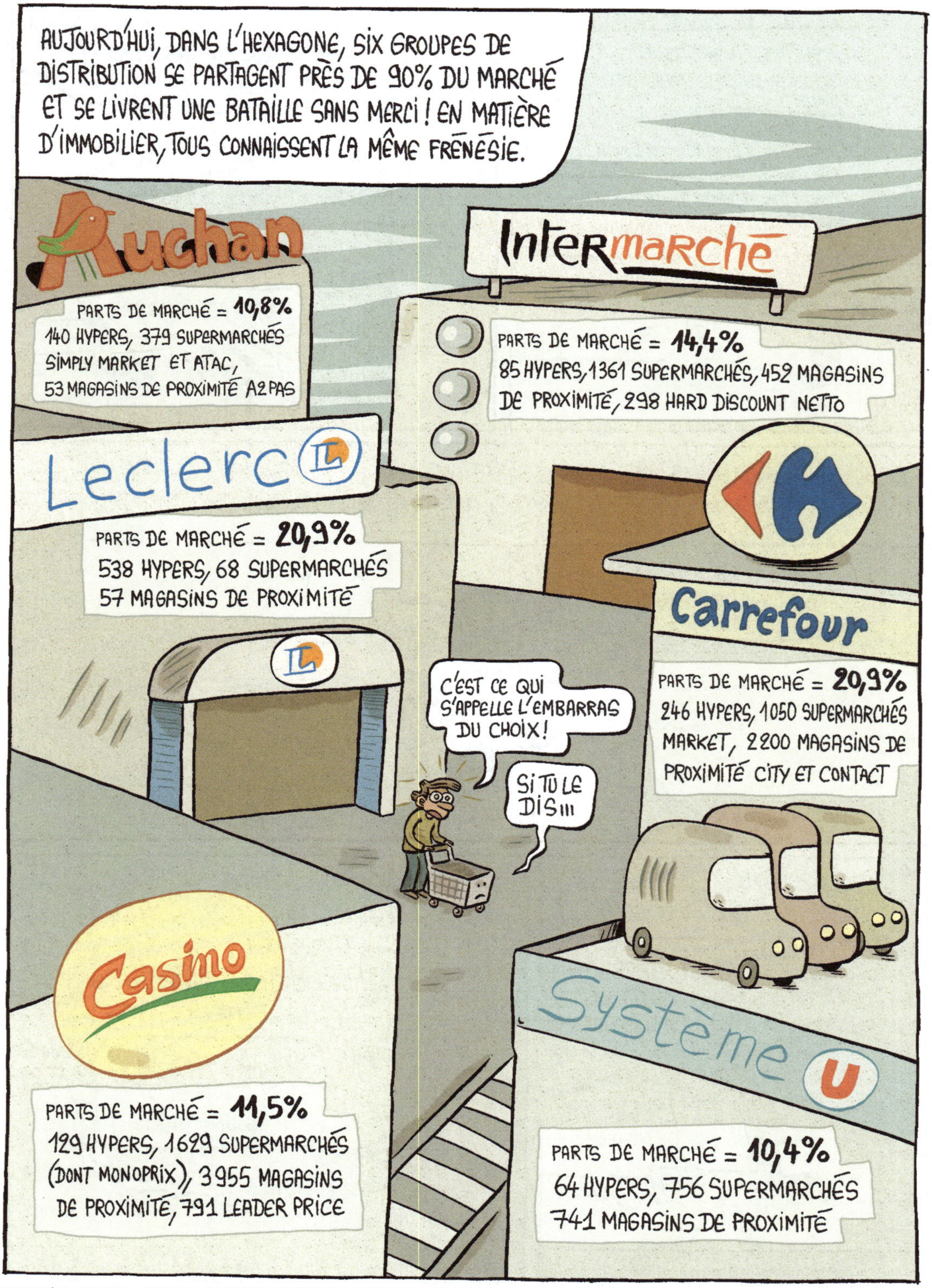

SOURCE : LINÉAIRES/DISTRIBOOK – CHIFFRES D'AFFAIRES RÉALISÉS EN FRANCE EN 2016. PARTS DE MARCHÉ DES ENSEIGNES SELON KANTAR WORLDPANEL SUR LES PRODUITS DE GRANDE CONSOMMATION.

*En France, 62 % du chiffre d'affaires du commerce se réalise en périphérie, 25 % en centre-ville, 13 % dans les quartiers.

JE NE SUIS PAS SEUL D'AILLEURS. IL Y A AUSSI SIX AUTRES ÉLUS.
ET QUATRE PERSONNALITÉS QUALIFIÉES EN MATIÈRE DE CONSOMMATION, DE PROTECTION DES CONSOMMATEURS, DE DÉVELOPPEMENT DURABLE ET D'AMÉNAGEMENT DU TERRITOIRE.
EN FRANCE, AU-DELÀ DE 1000 M², LA CRÉATION DE NOUVELLES SURFACES COMMERCIALES EST SOUMISE À L'AUTORISATION DE CES COMMISSIONS.
1300 M², ÇA NE SERT À RIEN DE RENTRER LE VENTRE, LÀ !!!
BEAUCOUP CONSIDÈRENT QUE CES COMMISSIONS SONT DES MACHINES À DIRE "OUI" ; SELON LES ANNÉES ELLES AFFICHENT UN TAUX D'ACCEPTATION COMPRIS ENTRE 50% ET 80%.
UN PETIT CAFÉ ?
OUI
AVEC DU SUCRE ?
OUI
AVEC OU SANS LAIT ?
OUI
DE 2004 À 2014, LES CDAC ONT AUTORISÉ À L'ÉCHELLE DU PAYS, EN MOYENNE POUR L'ALIMENTAIRE, UN MILLION DE M² SUPPLÉMENTAIRES CHAQUE ANNÉE !
L'ÉQUIVALENT DE 100 GROS CARREFOUR OU AUCHAN.
C'EST TELLEMENT BEAU, TOUTE CETTE MODERNITÉ !

BIEN SÛR, CE NE SONT PAS 100 NOUVEAUX HYPERS QUI OUVRENT... CE SONT PLUTÔT DES EXTENSIONS DE MAGASIN.
COMME ICI.
DES SUPERS QUI DEVIENNENT DES HYPERS... DE VÉRITABLES JACKPOTS POUR LES ENSEIGNES.
J'ADORE QUAND C'EST NOUVEAU !
OUVERTURE HYPER HYPER PRIX
AVEC 22 MILLIONS DE M² DE LIBRE-SERVICE, LA FRAAAANCE EST CHAMPIONNE EN EUROPE !
ON EST LES CHAMPIONS ♫
ON EST SURTOUT LES CHAMPIONS POUR LAISSER NOS ÉLUS SOUTENIR LES GRANDES SURFACES.
TAP TAP TAP
EN 2016, LES 3/4 DES PLUS GROS HYPERS DU PAYS ONT VU LEURS VENTES RECULER, MAIS CE N'EST PAS GRAVE, ON SOUTIENT !
!!!
ON EST SURTOUT LES CHAMPIONS DES PARADOXES !
MAIS JE NE VOIS PAS POURQUOI... EUX AUSSI NOUS SOUTIENNENT... QUI AIDE LES PETITS CLUBS SPORTIFS ?
LES SUPERMARCHÉS !
... QUI NOUS DONNE DES SUBVENTIONS POUR NOS FESTIVALS D'ÉTÉ ?
LES SUP...
ET SI VOUS REFUSEZ LEURS AGRANDISSEMENTS ?
HYPER
HYPER
HYPER

QUAND L'ADMINISTRATION OU LES ÉLUS REFUSENT CES EXTENSIONS, SOUS LA PRESSION DE RIVERAINS OU DE CONCURRENTS...
IL RESTE UNE SOLUTION...
L'EXTENSION ILLÉGALE !
PCHI PCHI PCHI
DEPUIS 25 ANS, UNE PETITE COMMERÇANTE RUINÉE SE BAT CONTRE LES AGRANDISSEMENTS SAUVAGES...
SELON LA DIRECTION GÉNÉRALE DES FRAUDES (DGCCRF),
ÇA CONCERNE 9% DES SURFACES EXISTANTES.
MARTINE DONNETTE
ON A ATTAQUÉ EN JUSTICE 185 PROJETS QUI, POUR NOUS, NE RESPECTAIENT PAS LA LOI. ON A FAIT ANNULER UN QUART D'ENTRE EUX...
CLIC
CONSTATS D'HUISSIER, PLAINTES ET PHOTOS À L'APPUI.
ON A QUOI, LÀ ?
COMME D'HAB', UNE GALERIE QUI S'ÉTEND SUR LE PARKING.
ET UNE RÉSERVE QUI S'EST TRANSFORMÉE EN SURFACE DE VENTE.
CES INFRACTIONS NON SANCTIONNÉES ET LES AMENDES NON RÉCLAMÉES PAR LES POUVOIRS PUBLICS SE CHIFFRENT EN CENTAINES DE MILLIARDS D'EUROS !

BAH VOILÀ, C'EST AUTANT D'ARGENT PERDU PAR L'ÉTAT POUR LA COLLECTIVITÉ !
ON POURRAIT LES FINANCER, VOS CLUBS DE FOOT, AVEC ÇA.
OUI, MAIS LES EMPLOIS CRÉÉS DANS TOUT ÇA ? VOUS Y PENSEZ ? (VOIX DU GÉNÉRAL DE GAULLE).
MAGNIFIQUE !
CLIC
SOUS LA PRÉSIDENCE DE NICOLAS SARKOZY, LES VANNES ONT ÉTÉ GÉNÉREUSEMENT OUVERTES À LA FAVEUR DE LA LOI DE MODERNISATION DE L'ÉCONOMIE (LME) VOTÉE EN 2008. LE SEUIL NÉCESSITANT UNE AUTORISATION EST PASSÉ DE 300 À 1000 M².
CE QUI A EU POUR EFFET L'OUVERTURE DE CENTAINES DE LIDL ET D'ALDI DE 999 M² ENTRE 2008 ET 2011.
EN FRANCE, LES HARD-DISCOUNT, CE SONT 3 500 UNITÉS, LES SUPERMARCHÉS, 6 200 !
T'IMAGINES LE NOMBRE D'EMPLOIS CRÉÉS, LA BOÎTE DE CONSERVE ?
ET CEUX DÉTRUITS ?
POUR UN POSTE D'EMPLOYÉ CRÉÉ, C'EST COMBIEN DE PETITS COMMERCES FERMÉS DANS LES VILLAGES ?
MAIS QUEL RABAT-JOIE !!! ÇA S'APPELLE LA MO-DER-NI-TÉ !

JEAN, PENSEZ AUX AVANTAGES... PAR EXEMPLE, GRÂCE À LA LOI MACRON DE 2015, LES GRANDES SURFACES DES GROSSES ZONES COMMERCIALES PEUVENT OUVRIR MÊME LE DIMANCHE...
ALLONS BON !
EH BIEN ÇA GÉNÈRE DE L'ACTIVITÉ, DU CHIFFRE D'AFFAIRES, DE L'EMPLOI !
(VOIX DE VERCINGÉTORIX)
ET MON REPOS DOMINICAL À MOI ?
JE VOUS CONSEILLE D'ALLER VOIR PAR VOUS-MÊME LE NOUVEL HYPER DE GROS-BOURG... ET EN PLUS LEURS CHARIOTS "GRAND FORMAT" Y SONT BEAUCOUP MIEUX ÉLEVÉS.
AH? OK
PFFF
RLRLRL
IL Y A QUELQUE CHOSE QUI NE TOURNE PAS ROND DANS VOTRE BELLE HISTOIRE. LES RAYONS, LES HORAIRES : TOUT S'ÉTEND. POURTANT, LES GENS NE PEUVENT PAS CONSOMMER INDÉFINIMENT !
LA PREUVE : ILS BOUDENT LES HYPERS, QUI PERDENT PARFOIS DES MILLIONS D'EUROS DE CHIFFRE D'AFFAIRES...
ET JE M'Y CONNAIS EN CONSOMMATION, JE SUIS UN CHARIOT.
TRÈS MAL ÉLEVÉ !

DE LA CORSE AU PAS-DE-CALAIS, LES HYPERS NE CESSENT DE SORTIR DE TERRE. IMAGINONS CELUI DE GROS-BOURG ET DONNONS-LUI LES CARACTÉRISTIQUES DE L'HYPER MOYEN : 5 300 M² DE SURFACE DE VENTE, 740 PLACES DE PARKING, 25 CAISSES, 160 EMPLOIS.
WAOUH, EFFECTIVEMENT, C'EST DU LOURD...
Y A MÊME DES CHEVAUX SUR LE PARKING !

PFFF... N'IMPORTE QUOI ! C'EST INHUMAIN DE METTRE DES ANIMAUX, COMME ÇA, SUR DU BÉTON !

OUI, ENFIN... ON Y MET BIEN DES HOMMES !

HÉ, MAIS JE VAIS ALLER FAIRE UN PETIT COUCOU À ANNICK, LA COPINE DE MA MÈRE...
ELLE A UN MAGASIN DANS LA GALERIE.
IL FAUT JUSTE QUE...
... JE LE RETROUVE.
AAAH
S... SALUT, ANNICK...
TIENS, JEAN... TU TE PROMÈNES?
ON PEUT DIRE ÇA, OUI...
C'EST TELLEMENT GRAND, ICI...
HÉ, DIS DONC, C'EST SUPER, CE QU'ILS ONT FAIT: LA GRANDE VERRIÈRE, LA FONTAINE, LE MUR VÉGÉTAL.
OUAIS... C'EST "SUPER"!

POUR ÇA, ILS NOUS ONT AUGMENTÉ LE LOYER… ON EST À PRESQUE 600 €/M².
LE M² ?!! MAIS C'EST LE PRIX DE MON APPART !
ET ENCORE.
GISLAINE, QUI EST PRÈS DES ESCALATORS, EST À 1000 €/M².
DANS CERTAINS CENTRES COMMERCIAUX D'ÎLE-DE-FRANCE, ÇA MONTE ENCORE PLUS HAUT.
C'EST DINGUE QUE CE SOIT AUSSI CHER… COMMENT ÇA SE FAIT ?
ILS TIRENT LES PRIX DE L'HYPER VERS LE BAS, ALORS ILS VEULENT S'Y RETROUVER, J'IMAGINE.
ILS AGRANDISSENT UN TRUC ET PAF, ILS AUGMENTENT NOS LOYERS… IL PARAÎT QU'ON S'Y RETROUVE AUSSI PARCE QUE ÇA ATTIRE PLUS DE CLIENTS…
C'EST LA SCI QUI FACTURE NOS LOYERS QUI SE GAVE, OUI. ELLE A AUGMENTÉ SON CHIFFRE D'AFFAIRES DE 50%.
MAIS, JE NE DEVRAIS PAS DIRE ÇA. JE DOIS ÊTRE "CORPORATE" !
BAH, TU PEUX Y ALLER… PERSONNE NE NOUS ÉCOUTE !
C'EST QUOI, UNE SCI ? CE N'EST PAS UNE SOCIÉTÉ IMMOBILIÈRE OU UN TRUC COMME ÇA ?

UNE SCI, C'EST UNE SOCIÉTÉ CIVILE IMMOBILIÈRE.
ÇA PERMET À UNE FAMILLE DE SE PARTAGER UN BIEN IMMOBILIER.
C'EST PRATIQUE, POUR LES SUCCESSIONS, NON ?
EXACTEMENT ! LEUR VALEUR OSCILLE ENTRE 50 ET 75 % DU CHIFFRE D'AFFAIRES.
C'EST SOUVENT BIEN PLUS QUE LA VALEUR DU FONDS DE COMMERCE.
LES SCI NE SERVENT PAS SEULEMENT À LOGER LES GALERIES, CERTAINS DISTRIBUTEURS Y INTÈGRENT LES MURS DE L'HYPERMARCHÉ.
TOUS ENSEMBLE ♫ ♪ TOUS ENSEMBLE
LA GRANDE SURFACE DOIT DÈS LORS REVERSER UN LOYER À LA SCI.
IL EST TEMPS DE PASSER À LA CAISSE MAINTENANT !
♫

CE QUI EST MALIN AVEC CETTE COMBINE, TRÈS PRISÉE PAR LECLERC, C'EST QU'ELLE AUGMENTE LES CHARGES DES MAGASINS.
ET SI JE RAJOUTE LE LOYER, ON A MOINS DE RÉSULTATS POUR L'HYPERMARCHÉ.
CE QUI FAIT MOINS DE PRIMES POUR LES EMPLOYÉS !
VU QUE CELLES-CI SONT INDEXÉES SUR LE RÉSULTAT.
HOULA, J'OUBLIAIS. EN PLUS LE RÉGIME FISCAL DES SCI EST PLUS AVANTAGEUX…
PÔ, PÔ, PÔ, UN BON COMPTABLE, C'EST IN-DIS-PEN-SABLE DE NOS JOURS !
C'EST HYPER MALHONNÊTE !
C'EST LÉGAL… TU PEUX JUSTE DIRE : AMORAL !
JE… JE DOIS Y ALLER J'AI UN CLIENT…
AAH, J'AURAIS BIEN AIMÉ TE PARLER D'AUCHAN AUSSI…
SI LA GRANDE DISTRIB' T'INTÉRESSE, JE TE CONSEILLE DE TE RENSEIGNER SUR AUCHAN… J'AI OUBLIÉ LE NOM DU PROPRIO, MAIS TU VERRAS…
TOUT N'EST PAS SI "SUPER" AU PAYS DES SUPERS !

*Selon Philippe Moati, économiste et cofondateur de l'Obsoco, l'Observatoire société et consommation.

MULLIEZ !
PARDON ?
C'EST MULLIEZ, LE PROPRIÉTAIRE D'AUCHAN... OU PLUTÔT, C'EST LA FAMILLE MULLIEZ.
TU T'ENTRAÎNES À QUESTIONS POUR UN CHAMPION® OU QUOI ?
NOOON, J'AI CROISÉ ANNICK À LA GALERIE...
ET ELLE T'A PARLÉ DE SON LOYER ?
OUI, COMMENT TU SAIS ?
RRRR
BOF, ELLE NE PARLE QUE DE ÇA DEPUIS QU'ELLE EST PARTIE DU BOURG.
ELLE N'AVAIT QU'À RESTER, AUSSI, SI ELLE NE VOULAIT PAS PAYER AUTANT !
ET C'EST QUI, CETTE FAMILLE, ALORS ? LES... MUNIEZ ?
LES MULLIEZ !

EN 1969, GÉRARD MULLIEZ VEUT ACHETER 10 HECTARES D'UNE FERME DE 100 HECTARES POUR IMPLANTER SON MAGASIN = PROBLÈME, LE FERMIER D'ENGLOS (DANS LE NORD) EST INTRAITABLE.
C'EST 100 HECTARES OU RIEN !
LE PÈRE DE GÉRARD MULLIEZ AURA CETTE FORMULE QUE SON FILS GARDERA À L'ESPRIT TOUTE SA VIE :
LE TERRAIN, C'EST LA SEULE CHOSE AU MONDE QU'ON NE FABRIQUE PAS !
M. MULLIEZ ACHÈTE DONC LA FERME ET CONVAINC SES FRÈRES ET COUSINS DE S'INSTALLER TOUT AUTOUR DE SON HYPERMARCHÉ.
MARCHÉ CONCLU.
C'EST AINSI QUE FLUNCH, DECATHLON, NORAUTO OU ENCORE KIABI ONT PROGRESSIVEMENT VU LE JOUR.
RRRRRRRRRRRRRRRRR
CHEZ LES MULLIEZ, ON APPELLE ÇA "LA MARCHE EN ESCADRE" !

LA MARCHE EN ESCADRE = UNE FORMULE DÉCLINÉE DANS UNE VINGTAINE DE PAYS POUR UN TOTAL DE 20 MILLIONS DE M² DE SURFACES COMMERCIALES.
À CE RYTHME-LÀ JE VAIS BIENTÔT CARRELER TOUTE LA PLANÈTE...
CHAQUE NOUVEAU CARREAU, C'EST UN CHARIOT QUI PEUT ROULER !
LES ENSEIGNES DE LA GALAXIE MULLIEZ SONT FAROUCHEMENT ATTACHÉES À LA DÉTENTION DES MURS DE LEURS MAGASINS.
92% À AUCHAN
80% À LEROY MERLIN, DECATHLON
ANNICK AVAIT PARLÉ À L'ÉPOQUE DE S'INSTALLER DANS LA GALERIE D'AUCHAN.
LE LOYER ÉTAIT AUSSI TRÈS IMPORTANT, ÇA NE VALAIT PLUS LE COUP...
DONC, AUCHAN... C'EST LA FAMILLE MULLIEZ... J'IMAGINE QUE LES LOYERS ALLAIENT À UNE SCI ?
UNE SUPER SCI, OUI !
ILS ONT CARRÉMENT CRÉÉ UNE MULTINATIONALE IMMOBILIÈRE POUR RÉCUPÉRER LES LOYERS...
IMMOCHAN !

IMMOCHAN, EN 2016, C'EST 360 SITES ADOSSÉS À DES AUCHAN DANS UNE DOUZAINE DE PAYS, C'EST 2,2 MILLIONS DE MÈTRES CARRÉS DE GALERIES ET 1,5 MILLION DE MÈTRES CARRÉS DE ZONES COMMERCIALES.
HÉ ! ON PEUT PARTIR DE CE TRUC ?
IMMOCHAN
BONG BONG
CE PATRIMOINE IMMOBILIER FAIT DE LA FAMILLE MULLIEZ L'UNE DES PREMIÈRES FORTUNES PROFESSIONNELLES DU PAYS.
BON, QU'EST-CE QU'ON POURRAIT BIEN CARRELER MAINTENANT ?
IMMOCHAN
HYPER
INTER
RAAAH, MAIS À VOUS ENTENDRE TOUS, LÀ, ON CROIRAIT QUE LES GRANDES SURFACES SONT DES GANGSTERS !!!
MAIS OÙ EST-CE QU'ON PEUT TROUVER TOUS CES PRIX BAS TOUTE L'ANNÉE, HEIN ?
ET CES PROMOS SUR LE SALAMI ?
DES PRIX BAS, OUI, MAIS À QUEL PRIX ?
DU SALAMI ?
TIENS, REGARDE, ILS EN PARLENT DANS LE JOURNAL !!!
NON, D'ATLANTIS !
LE CAS NANTAIS
ATLANTIS

POUR LES PRODUITS DE GRANDE CONSOMMATION, NANTES EST LA VILLE LA MOINS CHÈRE DE FRANCE.
NANTES
SON HYPERMARCHÉ
SON AUTRE HYPERMARCHÉ
ET PUIS UN AUTRE
COMMENT DEVIENT-ON LA CAPITALE DES PRIX BAS ? EN METTANT EN CONCURRENCE 6 GROS HYPERMARCHÉS LECLERC.
LE LAIT ICI POUR PRESQUE RIEN !
GRRRANDE PROMO SUR LES SALADES !
CES PAQUEBOTS D'AU MOINS 10 000 M² DE CARRELAGE SE LIVRENT UNE BAGARRE PERMANENTE AVEC LES ÉTIQUETTES.
EH BIEN ICI, LE LAIT, IL EST À ENCORE MOINS QUE RIEN.
AH OUAIS ? BAH MOI, JE L'OFFRE AVEC LE FROMAGE.
L'UN DE CES MASTODONTES, ATLANTIS, ILLUSTRE PARFAITEMENT LA PROBLÉMATIQUE.
LE SITE S'ÉTEND SUR DES DIZAINES D'HECTARES ET REGROUPE, OUTRE LE LECLERC,
UN IKEA, DEUX MULTIPLEX CINÉMA, UN DECATHLON, DES ENSEIGNES DE BRICOLAGE, DES RESTAURANTS...
IL Y A MÊME UN APPLE STORE.
KRR KRRR
KR

CE SONT LES LOYERS QUI ASSURENT À LA FAMILLE CHARTIER, LES PROPRIÉTAIRES, SA PROSPÉRITÉ.
AAARH... OÙ EST-CE QUE JE L'AI MIS ?
AH ! LE VOILÀ !
D'UN POINT DE VUE ÉCONOMIQUE, L'HYPERMARCHÉ N'EST PLUS LÀ POUR GÉNÉRER DU PROFIT, MAIS POUR ATTIRER DES CLIENTS.
PETIT PETIT PETIT
CETTE FONCTION DITE « DE LOCOMOTIVE » PERMET DE JUSTIFIER AUPRÈS DES COMMERÇANTS LES LOYERS EXIGÉS.
ET COMME CE SONT LES LOYERS QUI CRÉENT LA PROSPÉRITÉ, L'HYPER PEUT SE PERMETTRE D'AVOIR UNE MARGE QUASI NULLE... RIEN DE TEL POUR ATTIRER LES CLIENTS !
AAAAAAH
AAAAH
AVEC CETTE GUERRE DES PRIX, C'EST À SE DEMANDER COMMENT LES COMMERCES DU CENTRE-VILLE DE NANTES TIENNENT ENCORE ?
BAH, JUSTEMENT. ILS NE TIENNENT PLUS...
ILS NE REPRÉSENTENT QUE 15 % DE L'OFFRE COMMERCIALE DE LA VILLE...
C'EST QUASI LA MOITIÉ DE LA MOYENNE NATIONALE !
ET QUE DIRE DES FOURNISSEURS, DES AGRICULTEURS QUI APPROVISIONNENT CES HYPERMARCHÉS ?
AH BAH, TIENS, JUSTEMENT, EN VOILÀ UN...
PRIOLET

PIERRE PRIOLET EST ARBORICULTEUR DANS LES BOUCHES-DU-RHÔNE.
PENDANT DES ANNÉES, IL A APPROVISIONNÉ LES GRANDES SURFACES.
AVEC MES POMMES ET MES POIRES...
SOUVENT À DES PRIX DÉRISOIRES.
PIERRE PRIOLET GARDE UN SOUVENIR AMER DES NÉGOCIATIONS AVEC LA GRANDE DISTRIBUTION.
J'ÉTAIS UN FOURNISSEUR CAPABLE DE LIVRER DE GROS VOLUMES...
ALORS FORCÉMENT, ÇA LEUR PERMETTAIT D'ACHETER MOINS CHER...
ET D'IMPOSER LEUR CAHIER DES CHARGES.
À LA TABLE DES NÉGOCIATIONS, L'ARBORICULTEUR AVAIT FACE À LUI UN MASTODONTE !
TU NE LÂCHES RIEN, HEIN ?
ON N'EST PAS LÀ POUR FAIRE DU SOCIAL, OK ?

LE COMBAT EST EN UN ROUND !
TING !
JE... JE VOUS AI PARLÉ DE LA QUALITÉ DE MES PRODUITS ?
DES VERGERS ?
DU LOCAL ?
TROP CHER ! DEPUIS 2008 ET LA LOI DE MODERNISATION DE L'ÉCONOMIE (LME), ON EST OBLIGÉ DE VENDRE LES PRODUITS DE GRANDES MARQUES À PRIX FIXE...
ZZOU
CE QUI FAIT QU'ON A DES MARGES QUASI NULLES SUR CES PRODUITS IN-CON-TOUR-NABLES : LES CONSOMMATEURS RAFFOLENT DU NUTELLA®, DES DANETTE®, ETC.
OUI... MAIS, MES POMMES DANS TOUT ÇA ?
ATTENDS, JE TERMINE... À TON AVIS, OÙ EST-CE QU'ON SE FAIT ENCORE NOTRE MARGE ? BAH, SUR LES FRUITS & LÉGUMES, LES FRAIS À LA COUPE ET... EEET... ??
LES PETITS PRODUCTEURS !
ET POUR ÇA... ON ÉCRASE LES PRIX !
BZOÏNG
LES PRIX...
OU LES FOURNISSEURS ?
BLAF !

EN 2010, CRIBLÉ DE DETTES, PIERRE PRIOLET ARRACHE 15 DE SES 16 HECTARES ET RÉORIENTE SA PRODUCTION.
HYPER
IL CRÉE **C'JUSTE**, UN RÉSEAU DE PETITS PRODUCTEURS SOLIDAIRES, ET SE LANCE DANS LA VENTE DIRECTE.
LE CHOIX, EST-CE QUE NOUS L'AVONS, NOUS AUSSI, EN TANT QUE CONSOMMATEURS ?
MA MÈRE, NON, ELLE VIVAIT DANS UN DE CES SYMPATHIQUES VILLAGES DE NORMANDIE...
OÙ TOUT EST À VENDRE !
HEUREUSEMENT QU'IL RESTE LA CAMPAGNE...
C'EST TELLEMENT BEAU !
PROMO CHOC
C'JUSTE
SOLIDAIRE MAIS PAS SOLITAIRE
À MOITIÉ PRIX

LES FANTÔMES DE LA GRANDE DISTRIBUTION

À quoi pourraient ressembler nos hypermarchés dans dix ans ? Quel avenir attend ces espaces trop nombreux et surdimensionnés ? Une partie de la réponse se trouve dans l'œil d'un photographe américain.

Pour les malls, ces centres commerciaux emblématiques des États-Unis, la crise de 2008 a sonné le début du déclin. L'année suivante, Randall Park Mall, un temps le plus grand au monde, baissait le rideau. Depuis, le phénomène s'accélère. Les États-Unis comptent aujourd'hui plus de 1200 centres commerciaux déserts et près d'un tiers des survivants pourraient fermer d'ici à cinq ans. Né à Cleveland (Ohio), le photographe Seph Lawless réalise depuis quinze ans une «autopsie de l'Amérique» qui le mène de parkings en galeries marchandes.

« Quand j'ai commencé mon voyage dans les coins délaissés des États-Unis, j'ai très vite su que j'allais me...

© SEPH LAWLESS

... focaliser sur les centres commerciaux. Ils sont le symbole du rêve américain, leur déclin en dit long sur notre économie.

J'ai parcouru 18 États, de la Californie à l'Indiana en passant par le Texas, et, partout, j'ai trouvé ces malls vides. Parfois, seules une boutique ou deux restent ouvertes. C'est encore plus sordide car vous pouvez être certains que six mois plus tard, elles ne seront plus là. Lorsque les lieux sont finalement abandonnés, tout devient sombre et calme. Seule la lumière naturelle perce par endroits pour éclairer un décor décrépit qui autrefois brillait sous les néons.

Le seul bruit qui accompagne nos pas, c'est celui de l'eau, ou de la neige, qui goutte du toit. L'un de ces malls désertés a été reconverti en université, un autre en église. Mais ces secondes vies sont rares, la plupart sont détruits ou laissés vacants. C'est assez révélateur du gaspillage dans nos sociétés, de tout ce que l'on crée, que l'on détruit, que l'on gâche. **» Seph Lawless.**

MAKING-OF

Le cil vert vit et travaille à Prague, Bertrand, à Rennes. Pour cette collaboration, ils ont longtemps échangé à distance. L'été dernier, ils se sont enfin rencontrés à Fougères (Ille-et-Vilaine). Restait à trouver un lieu. La petite terrasse ensoleillée de centre-ville ? Le professionnalisme et le sens de l'immersion ont pris le dessus et c'est finalement… dans la cafétéria sans âme d'un centre commercial de périphérie qu'ils se sont retrouvés.

À LIRE

Seule face aux géants, de Martine Donnette. Récit du combat de plus de vingt ans d'une petite commerçante contre la grande distribution.
Éd. Max Milo (2015)

ET AUSSI

La Face cachée de l'empire Mulliez, de Bertrand Gobin. Jusqu'à l'hypnose dans les séminaires d'Auchan, l'auteur dévoile les dessous de la galaxie Mulliez.
Éd. La Borne Seize (2015)

La sémantique, c'est élastique

« Visiblement, les jeunes ne savent plus du tout le français », peste, en 1913, un critique littéraire à la lecture de Marcel Proust. Sur les réseaux sociaux, ce critique peut compter sur une armée d'héritiers… les grammar nazis.

Q JAMES

Je vous vois pianoter, là. Vous laissez des commentaires sur les réseaux sociaux ?
Oué. Jdonne mon avi koa.
Trankil OKLM.
Je suppose donc que vous avez déjà eu affaire à des grammar nazis, au vu de votre pratique toute personnelle de notre langue...
Des koa ?
Les grammar nazis. Des gens intransigeants sur l'usage de l'orthographe et de la grammaire sur Internet.
Un peuple, une orthographe !
Pour une langue pure !
Ils ne peuvent s'empêcher de reprendre les gens qui font des fautes, avec si possible au passage des remarques blessantes pour humilier.
Et toc !
C'est une faute niveau CP, il faut vraiment être un abruti pour la faire !
Il faut les comprendre, les réseaux sociaux n'ont qu'un seul intérêt, faire son intéressant.
Ah oké. Ba jmen fou comme même.
On sen fous de komen on écris, se ki comte cé de ce fèr komprendre.
Je... arglll...
Taisez-vous deux secondes, jeune inconscient...
Pardon... les vieux réflexes qui reviennent...

Je dois confesser que j'ai eu quelques tendances à être grammar nazi au début de ma pratique des réseaux sociaux...
Raah... je ne peux pas laisser passer cette faute. Pour le bien de tous !
Toutes ces fautes qui venaient envahir mon écran, agresser ma conscience... je ne pouvais pas laisser faire...
Q... quoi ?
Il me répond en faisant encore plus de fautes ?!
Le pervers !
Et finalement j'ai réussi à prendre du recul par rapport à ça, à comprendre que nous n'étions pas tous égaux face à l'orthographe...
Désolé, mec, je crois qu'on n'est pas égaux...
Ce nouveau mode de communication écrite met en plein jour les difficultés d'apprentissage qu'ont pu avoir certains, les disparités culturelles et sociales...
Ce n'est pas compliqué, suffit de prendre le temps de lire.
... et également le nombre non négligeable de personnes atteintes de dyslexie, qui peuvent être par ailleurs des personnes lettrées et cultivées...
Auscour jcompren rien...
Mais je sens aussi que je peux rechuter à tout moment si vous ne faites pas un petit effort.
Par exemple, utiliser un correcteur d'orthographe, pour limiter la casse ?
Bon oké, je télécharges sa.
C mieu la ?

Ah, pardon...
C'est mieux, là ?
Oui, merci. Ouf...
Nous allons pouvoir reprendre cet exposé de façon plus sereine.
Pour revenir à ce que vous disiez plus tôt, "ce qui compte, c'est de se faire comprendre", c'est justement le souci.
C'est la raison pour laquelle le langage a été codifié, avec l'orthographe et la grammaire.
Comme un code de la route des mots ?
PRONOMS ADJECTIF
MOT
ARTICLE VERBE SUBSTANTIF
Voilà, pour qu'on ait tous la même façon d'énoncer les choses et qu'on puisse ainsi se comprendre.
Manquerait plus qu'on ait un permis à points, là aussi...
Du coup, quand vous utilisez un adjectif possessif à la place d'un pronom démonstratif, ça crée de la confusion, on est perdu.
SA DANSE ≠ ÇA DANSE
Okaaay... et donc, le correcteur orthographique, c'est une sorte de GPS ?
Euh, oui... la comparaison fonctionne...
Vous ne seriez pas fan de tuning, à tout hasard ?
Ce qu'il faut retenir, c'est que le langage façonne la pensée.
J'ai faim !
Donnez-moi des mots !
Des crus, des doux !

Certes, un embryon de pensée est préexistant au langage.
Dodo
Bobo
Lolo
Mais c'est ensuite le langage par son apprentissage qui va aider la pensée à se structurer, à se développer, en nommant des concepts, en associant des idées.
Astiquer les jantes.
Fixer un aileron.
Racheter du polish.
Mettre de plus grosses enceintes.
D'où le risque d'un langage bancal qui engendre une pensée bancale, ou comprise de travers.
Qu'est-ce que les bancs viennent faire là ?
"Mal nommer un objet, c'est ajouter au malheur de ce monde", comme disait Albert Camus !
Ah, on vous attendait, vous, ce n'est pas trop tôt.
Heil Orthographe !
Je vous demande de brûler sur-le-champ les premières pages de cette rubrique, vous ne pouvez pas imprimer un tel langage !
Vous êtes ?
Josiane, prof de lettres à la retraite.
Pourquoi faites-vous ça ?
Pour rendre le monde meilleur et…
… pour me redonner un rôle social, parce que, bon, la retraite…

Vous savez comment calmer définitivement un grammar nazi ? Faites-lui réaliser qu'il voue un culte à un mot incorrect.
Billevesées !
"Orthographe" devrait se dire "orthographie". Et l'orthographe devrait être la personne qui étudie l'orthographie.
Comme le géographe étudie la géographie, le biographe écrit une biographie…
N'est-il pas ironique que le mot censé définir le bon usage du langage soit une faute grossière ?
Je… je…
L'origine du mot est bien "orthographia" en latin, et il s'écrivait même "ortografie" au début en ancien français.
PWOUF !
Mais, pouf, le i disparaît. Il semblerait que la faute suprême date du XVIe siècle.
Ben du coup, on peut s'en foutre, de l'orthographe. C'est du gros mytho, c'truc !
Non, mais ce n'était pas l'objectif de la démonstration…
Komen jtai casser !
James

C'EST NOTRE RAYON

Ouvrages maison. Les deux premiers tomes de l'*Histoire dessinée de la France* sont sortis ! Pour cette collection, 20 historiens et 20 dessinateurs relèvent un défi : raconter 2000 ans d'histoire de France comme vous ne l'avez jamais lue.

Étonnés par le rapport des Français à leur histoire, cinq illustres personnages voyagent au XXIe siècle.

La Balade nationale

« *C'est un récit où tout est vrai, sauf ce qui est invraisemblable* », prévient Étienne Davodeau, dessinateur et coscénariste, avec l'historien Sylvain Venayre, de ce premier volume. En matière d'invraisemblable, le lecteur est servi. Tout comme le sont ces deux gendarmes qui, au début du récit, voient descendre d'une camionnette Jeanne d'Arc, Molière, Marie Curie, le général Alexandre Dumas et l'historien Jules Michelet. « *Nous sommes sortis du néant parce qu'il nous a semblé que beaucoup de Français avaient un rapport confus à l'histoire de France. Or pour savoir qui ils sont vraiment, ils doivent la comprendre* », explique ce dernier aux forces de l'ordre interloquées. Et que fait ce cercueil à l'arrière du véhicule ? Dérobé sur l'île d'Yeu, il renferme la bavarde dépouille du maréchal Pétain. Ainsi démarre une folle équipée à travers l'Hexagone. Chemin faisant, nos personnages croisent un réfugié politique, le Soldat inconnu et, peut-être, Vercingétorix. Passant par Carnac, Calais, la place de la Bastille, Reims, Lascaux, etc., ce voyage alimente un débat ininterrompu et cocasse sur les origines de la France. Car si la civilisation gauloise, le baptême de Clovis et d'autres faits historiques constituent des origines, ce n'est que par un coup de force idéologique. « *Nous savons tous, aujourd'hui, que l'histoire de France ne peut pas s'écrire d'un seul trait* », souligne Sylvain Venayre. Pétri d'intelligence et d'humour, ce livre prend le contrepied du « roman national » et interroge les images sur lesquelles il s'appuie.

***La Balade nationale,* de Sylvain Venayre et Étienne Davodeau, *La Revue Dessinée*-La Découverte (2017), 160 p., 22 euros.**

L'enquête gauloise

Qui sont les Gaulois ? Qu'est-ce que la Gaule ? Quelles sont ses frontières ? Pour ce deuxième volume de l'*Histoire dessinée de la France,* César, Cicéron, le philosophe grec Poseidonios d'Apamée et le druide Diviciac sont invités, sous les crayons du dessinateur Nicoby et la plume de l'historien Jean-Louis Bruneaux, à nous parler de la Gaule qu'ils ont connue. Voyage dans le temps et dans l'espace, parfois mouvementé, parfois bucolique, ce livre explique et corrige nos idées reçues. On y apprend ainsi ce que les « civilisés » doivent aux « barbares » : de multiples inventions, telles que le tonneau, le pantalon, le dentifrice, le savon, des armes et des techniques de combat (la tortue), etc. On y voit Jules César et Poseidonios, représentants respectifs de Rome et de la Grèce, s'affronter sur l'influence que les deux pays auraient exercée sur ce peuple. Le voyage prend souvent l'allure d'une enquête, où les dessins montrent autant les croyances religieuses et funéraires, la vie d'une exploitation agricole que l'agitation des hommes politiques dans leurs assemblées, sans oublier les relations tumultueuses que les Gaulois entretenaient avec leurs voisins.

L'Enquête gauloise, **de Jean-Louis Brunaux et Nicoby, *La Revue Dessinée*-La Découverte (2017), 160 p., 22 euros.**

Les Gaulois passaient-ils leur temps à castagner les Romains, à porter des menhirs et à engloutir des sangliers au cours de grands banquets ? Pas si vite...

Et ce n'est qu'un début...

En ces temps troublés, où l'histoire de notre pays fait l'objet de tous les fantasmes passéistes et de toutes les récupérations politiques, *La Revue Dessinée* et les Éditions La Découverte se sont associées pour mener à bien ce projet d'*Histoire dessinée de la France*, **des origines à nos jours.** Quarante ans après l'*Histoire de France en bande dessinée* des Éditions Larousse, cette collection réunit historiens chevronnés et talentueux auteurs de bande dessinée avec l'ambition de livrer des récits, à la fois créatifs et singuliers, à rebours des légendes nationales comme des images d'Épinal. Chaque volume, fruit du travail d'un tandem unique, se penche sur une période de l'histoire de France à jour des connaissances et des débats historiographiques. Cette collection, dirigée par l'historien Sylvain Venayre, comptera 20 volumes, soit quatre par an jusqu'en 2022 !

Jean Jullien
● COUVERTURE

Illustrateur, il a travaillé pour le *New Yorker*, *National Geographic*, le *Wall Street Journal* et beaucoup d'autres. Il vit à Londres.

jeanjullien.com ***@jean_jullien***

Aurore Petit
● AU PIED DE LA LETTRE - P. 6

Depuis ma sortie des Arts déco de Strasbourg, j'ai publié une vingtaine de livres illustrés, chez Les Fourmis Rouges et Actes Sud Junior.

aurorepetit.com

Arno Bertina
▼ PSYCHIATRIE - P. 8

Ne connaît presque rien à la bande dessinée. (N'en tire évidemment aucune fierté.) Romancier, il vient de publier *Des châteaux qui brûlent* chez Verticales (éd. Gallimard).

Pierre-Henry Gomont
▼ PSYCHIATRIE - P. 8

J'ai étudié l'économie puis la sociologie pour finalement faire de la bande dessinée. Mon dernier ouvrage, *Pereira prétend*, est adapté du roman de Tabucchi, (éd.Sarbacane).

Stéphane Trapier
◆ SPORT - P.38

Je squatte les panneaux d'affichage pour le Théâtre du Rond-Point. Je dessine aussi pour la presse, l'édition, bref pour la plupart des gens qui me le demandent gentiment.

Jean-Michel Billioud
◆ PHOTO - P.46

Ma marotte ? Expliquer simplement les choses compliquées. J'ai signé ou cosigné plus de 150 livres, souvent dans l'édition jeunesse.

jmbillioud.com

Rudy Spiessert
◆ PHOTO - P.46

J'ai publié une quinzaine d'albums de bande dessinée, dont *Les Villes d'un jour* (éd. Quadrants), je signe parfois sous le nom de Pluttark.

Taina Tervonen
▼ ÉDUCATION - P.48

Je raconte des histoires de migration, de famille et de mémoire, en livres, en bandes dessinées, peut-être bientôt en documentaires.

montreuildansmabulle.fr

Carole Maurel
▼ ÉDUCATION - P.48

Après le dessin animé, je fais de la bande dessinée. Mes albums : *Luisa ici et là,* chez La Boîte à bulles, *L'Apocalypse selon Magda* et *Collaboration horizontale* chez Delcourt.

Geoffrey Bonnefoy
◆ DROIT DE SUITE - P. 86

Journaliste à *L'Express.fr*, je m'intéresse à la politique et aux questions de société. Sur le Net, je vagabonde sous le profil de clarkent2007.

Nicoby
◆ DROIT DE SUITE - P. 86

Dessinateur tous terrains s'intéressant autant à nos ancêtres les Gaulois qu'aux activistes de La Manif pour tous, sans oublier d'aller se ressourcer dans les îles du Ponant.

Catel
◆ CINÉMA - P. 96

Dessinatrice, elle s'est faite la spécialiste des portraits de femmes remarquables : *Kiki de Montparnasse*, *Olympe de Gouges*, *Joséphine Baker*,... (éd. Casterman)

Catherine Le Gall
▼ ÉCOLOGIE - P. 102

Accro aux sujets financiers, je varie les supports (livres, documentaire, BD). pour raconter, encore et encore, comment la finance grignote notre société...

Benjamin Adam
▼ ÉCOLOGIE - P. 102

Navigue entre illustration, BD et projets avec Radar et Oasis 4000. Initié au reportage avec Les Désobéisseurs chez Vide Cocagne, il a aussi publié *Joker* (éd. La Pastèque).

DESSINS : HERVÉ BOURHIS

PATRICK ROGER
◆ LIEU DE POUVOIR - P. 144
Journaliste politique au *Monde* depuis près d'un quart de siècle, j'ai écumé les coins et les recoins de l'Assemblée nationale et du Sénat. Et j'ai succombé à leurs charmes.

VINCENT MAHÉ
◆ LIEU DE POUVOIR - P. 144
Illustrateur, il a fondé en 2013 l'atelier Messieurs Dame et a publié *750 ans à Paris*. Ses illustrations sont visibles dans le *New Yorker*, le *NY Times*, la revue *XXI*...

CLOTILDE DE GASTINES
▼ PARAFOUDRES - P. 148
Journaliste depuis 10 ans, je m'intéresse à la santé au travail. J'aime les combats de David contre Goliath et farfouiller dans les archives.
@cdegastines

THIERRY BOUÜAERT
▼ PARAFOUDRES - P. 148
Je pratique la bande dessinée et l'illustration depuis plusieurs décennies. Fureteur atypique, je m'attache à développer un travail polymorphe et intimiste.

ARNAUD LE GOUEFFLEC
◆ MUSIQUE - P. 170
J'écris des romans et des scénarios de BD comme celui de *La Carte du ciel* avec Laurent Richard (éd.Glénat). J'aime le rock bizarre.
arnaudlegouefflec.com

NICOLAS MOOG
◆ MUSIQUE - P. 170
Auteur de bandes dessinées. La dernière en date : *Qu'importe la mitraille,* avec Matthias Lehmann (éd. 6 pieds sous terre).
nicolasmoog.tumblr.com

CÉCILE CAZENAVE
◆ ÉCOSYSTÈME - P. 180
Journaliste environnement, elle a fait partie de l'aventure *Terra eco*. Membre du Terrier, collectif de créatifs bellevillois.
www.leterrier.info

TANGUI JOSSIC
◆ ÉCOSYSTÈME - P. 180
Illustrateur-graphiste (de Professeur Cyclope à Fluide Glacial), coprésident de l'association Maison Fumetti. Enseigne aux Beaux-Arts de Nantes, collabore avec *Les Requins Marteaux*.
tanguijossic.blogspot.fr

BERTRAND GOBIN
▼ HYPERMARCHÉS - P. 186
Journaliste porté sur l'investigation. Je couvre principalement des sujets économiques, en particulier la grande distribution. Mon dernier ouvrage : *La Face cachée de l'empire Mulliez* (éd. La Borne Seize).

LE CIL VERT
▼ HYPERMARCHÉS - P. 186
Dessinateur travaillant essentiellement pour la presse écolo et pour des ONG. Mes bandes dessinées, plus personnelles, sont des romans (autobio)graphiques publiés chez Delcourt, dans la collection Shampooing.

JAMES
LANGAGE - P. 214
LA PASTILLE - P. 226
Âge : trop. Poids : secret. Yeux : presbyte. Cheveux : de plus en plus épars. Arrivé sur le tard à la bande dessinée, je publie beaucoup depuis pour compenser.
james-o-rama.tumblr.com

ANNE SIMON
LA PASTILLE - P. 226
Je participe à la revue *Dopututto* et j'ai publié la plupart de mes livres aux éditions Misma. J'ai collaboré avec Corinne Maier pour réaliser deux biographies dessinées de Freud et de Marx, chez Dargaud.

GALA VANSON
EX-LIBRIS ET ABONNEMENT
Mes dessins se promènent sur toutes sortes de supports : livres, journaux, cartes postales, affiches,... Leur point commun ? Les questions sociales, culturelles ou pédagogiques.
galavanson.com

numéro 18

Décembre 2017, janvier et février 2018

Date de parution
29 novembre 2017

Directeur de la publication
Franck Bourgeron

Directeur de la rédaction
Sylvain Ricard

Rédaction en chef
Amélie Mougey

Conseil éditorial
David Servenay

Conception graphique
Elhadi Yazi

Direction artistique
Cat Gabillon

Abonnements, presse, événementiels
Solange Coulamie

Maquette graphique
Cindy Attuil

Édition
Amélie Mougey

Correction
Anne-Sophie Arnould et **Richard Herlin**

Ont collaboré à ce numéro: Simon Percelay (stagiaire), Benjamin Adès, Rica, Doriane Tchekhovitch, Erwann Terrier (infographies), Cécily de Villepoix (couleurs), Seph Lawless, Gala Vanson et Laurence Fredet

contact@larevuedessinee.fr
larevuedessinee.fr

La Revue Dessinée est éditée par LRD SAS, SAS au capital de 4668€

Siège social et rédaction: 36, bd de la Bastille 75012 Paris
01 43 43 30 50 (abo et rédaction)
01 83 56 95 27 (rédaction en chef)

Fondateurs actionnaires: Franck Bourgeron (président), Sylvain Ricard (directeur général) et David Servenay

Actionnaires: F&S, Jean-Hubert Gallouet, Patrick Goux, Nicolas Gouju, Arnaud Bertin et Emmanuel Hurault

Impression et façonnage: STIGE s.p.a. Via Pescarito, 110, 10099 San Mauro (TO), Italie
Fabrication: CPE conseil
Photogravure: Apex Graphic
Diffusion: Delsol
Distribution: Hachette
Commission paritaire: 0919 D 91934

ISSN: 0753-3454
ISBN: 979-10-92530-30-8
Hachette: 4881914
Dépôt légal: novembre 2017

Papiers 100 % PEFC
Papier intérieur : Allemagne
Papier couverture : Italie
PEFC
PEFC/18-31-107

VOUS AVEZ LOUPÉ UN NUMÉRO ? RATTRAPEZ-VOUS !

JE SOUHAITE RECEVOIR LE(S) NUMÉRO(S)

#1 ☐ #2 ☐ #3 ☐ #4 ☐ #5 ☐ #6 ☐ #7 ☐ #8 ☐ #9 ☐ #10 ☐ #11 ☐ #12 ☐ #13 ☐ #14 ☐ #15 ☐ #16 ☐ #17 ☐

ENVOI ○ FRANCE **17€** ○ EUROPE **19€** ○ MONDE **21€** **MONTANT GLOBAL** ______ €

FRAIS DE PORT INCLUS

MON PAIEMENT

JE JOINS UN CHÈQUE DE ______ €

À L'ORDRE DE «**LRD SAS**». À ENVOYER À **LA REVUE DESSINÉE, 36, BOULEVARD DE LA BASTILLE, 75012 PARIS - FRANCE**

MON ADRESSE DE LIVRAISON

PRÉNOM/NOM ______

ADRESSE ______

______

CODE POSTAL ______ VILLE ______

PAYS ______ TÉLÉPHONE ______

E-MAIL ______

POUR TOUTES QUESTIONS, CONTACTEZ **SOLANGE@LAREVUEDESSINEE.FR**

SI VOUS CHERCHEZ UNE THÉMATIQUE OU UN SUJET EN PARTICULIER, RETROUVEZ-NOUS SUR **LAREVUEDESSINEE.FR**

La Pastille
de James et Anne Simon